新时代中华传统文化知识丛书

中国古代书法家

李燕　罗日明　主编

海豚出版社
DOLPHIN BOOKS

中国国际传播集团

图书在版编目（CIP）数据

中国古代书法家 / 李燕, 罗日明主编 . -- 北京：海豚出版社, 2024.3
（新时代中华传统文化知识丛书）
ISBN 978-7-5110-6814-9

Ⅰ.①中… Ⅱ.①李…②罗… Ⅲ.①书法家—生平事迹—中国—古代 Ⅳ.① K825.72

中国国家版本馆 CIP 数据核字（2024）第 064922 号

新时代中华传统文化知识丛书

中国古代书法家

李　燕　罗日明　主编

出 版 人	王　磊
责任编辑	李文静　白银辉
封面设计	薛　芳
责任印制	于浩杰　蔡　丽
法律顾问	中咨律师事务所　殷斌律师
出　　版	海豚出版社
地　　址	北京市西城区百万庄大街 24 号
邮　　编	100037
电　　话	010-68325006（销售）　010-68996147（总编室）
印　　刷	天津睿意佳彩印刷有限公司
经　　销	新华书店及网络书店
开　　本	710mm×1000mm　1/16
印　　张	9.5
字　　数	76 千字
印　　数	3000
版　　次	2024 年 3 月第 1 版　2024 年 3 月第 1 次印刷
标准书号	ISBN 978-7-5110-6814-9
定　　价	39.80 元

版权所有，侵权必究
如有缺页、倒页、脱页等印装质量问题，请拨打服务热线：010-51059905

序　言

中国书法是一种独特的汉字视觉艺术，从商代甲骨文、金文算起，到后来的篆书、隶书、草书、行书、楷书诸体，都在不同历史时期展示着汉字不同的艺术风貌。

中国书法历史悠久，名家辈出。自秦朝开始，各朝各代都有著名书法家涌现，东晋"书圣"王羲之，"楷书四大家"颜真卿、柳公权、欧阳询、赵孟頫，以狂草闻名于世的"颠张狂素"，引领尚意书风的"宋四家"苏轼、黄庭坚、米芾、蔡襄……这些书法家的书法造诣高深，他们的书法盛极当朝乃至影响后世，作品如同璀璨明珠，成为中国书法文化宝贵的组成部分。

王羲之是魏晋时期最伟大的书法家，他博采众家所长，草、隶、行、楷诸体俱精。其行书作品《兰亭集序》，无论文采还是书法艺术都堪称一绝，有"天下第一行书"之美誉，是历代书法名家竞相模仿的对象，《快雪时晴帖》亦是书法珍品。

颜真卿是唐代极具革新精神的书法家，将卓越的书法艺术与高尚的人格精神完美结合，开创出雄健宽博、气概凛然的"颜体"楷书，开拓了书法新风气。

张旭、怀素皆以草书饮誉于世，合称"颠张狂素"。他们笔下的狂草洋洋洒洒，一气呵成，狂野不羁中自有气韵。在崇尚书法法度的唐代，他们二人借酒助兴，在酒醉中追寻书法艺术的极度自由，共同将草书艺术推向了一个无拘无束、缥缈空灵的境界。

古代著名的书法家众多，其中不乏卓有成就的书法理论家。唐代欧阳询楷书作品《九成宫醴泉铭》，享有"天下第一楷书"的美誉，被历代书法家奉为楷书圭臬，同时，欧阳询也是一位卓有见地的书法理论家，所著《传授诀》《用笔论》《八诀》《三十六法》等书法理论，详细阐述了书法创作的用笔、结构、章法、审美要求及心态。

除欧阳询之外，东汉崔瑗、唐代张怀瓘、宋代米芾等人也从不同的角度提出了不谐流俗的书法理论，深刻阐述了用笔规律、字形结构、章法布局、美学要求以及高级书法作品应该具有的精神境界，对于后世书法的发展影响深远。

"晋人尚韵，唐人尚法，宋人尚意，元明尚态"，纵观中国古代书法发展史，书法与社会同步发展，以不同面目反映时代的精神风貌。让我们一起探寻古代中国书法发展史，了解历朝的书法名家和书体演变、书风发展脉络，在学习的过程中品鉴书法艺术的无穷魅力，窥探中华文化的积累和流变。

目 录

第一章 古代的书法文化

一、古代书法与书法名家 / 003

二、古代书法文化简史 / 007

三、古代的五种书体 / 011

四、古代书法之美 / 015

五、中国书法文化的内涵 / 018

第二章 古代书法理论名家

一、崔　瑗 / 023

二、欧阳询 / 026

三、张怀瓘 / 030

四、张彦远 / 034

五、米　芾 / 037

六、祝允明 / 041

第三章　古代篆隶名家

一、李　斯 / 047

二、蔡　邕 / 051

三、徐　铉 / 054

四、邓石如 / 057

五、金　农 / 060

六、桂　馥 / 063

第四章　古代行书名家

一、王羲之 / 069

二、王　珣 / 072

三、苏　轼 / 075

四、黄庭坚 / 078

五、米万钟 / 081

六、张瑞图 / 084

第五章　古代草书名家

一、张　芝 / 089

二、韦　诞 / 092

三、陆　机 / 095

四、张　旭 / 098

五、怀　素 / 102

六、蔡　襄 / 105

七、何绍基 / 109

第六章　古代楷书名家

一、钟　繇 / 115

二、虞世南 / 118

三、褚遂良 / 122

四、颜真卿 / 125

五、柳公权 / 129

六、赵　佶 / 133

七、沈　度 / 136

八、刘　墉 / 139

第一章

古代的书法文化

第一章 古代的书法文化

一、古代书法与书法名家

书法源于文字,在文字发展完备的过程中,书法艺术一点一点发展演变,逐渐成为一门自成体系的艺术门类。

文字的发明、金属工具的出现和国家的形成是人类跨入文明社会的三大标志。汉字是世界上最古老的文字之一,它在几千年的历史发展进程中逐渐成熟,成为兼具实用性与艺术性的文明载体,并萌生出了一种特有的书写艺术——书法。

商代的甲骨文是中国出现最早的文字,它被刻于龟甲兽骨上。商周时期,出现了金文,它

甲骨文与金文

是铸刻在青铜器上的文字。当时的汉字尚不具备书法艺术的美学思想。篆书从甲骨文和金文演变而来，有大篆和小篆之分，小篆是大篆的简化版。秦始皇统一六国后，小篆成为秦代官方使用的字体，以相传为秦相李斯所书的《泰山刻石》《琅琊台刻石》等为代表。与此同时，民间也兴起了书写更加方便的隶书。"隶书者，篆之捷也。"隶书是由篆书简化而来，保留了篆书的基本形态，而在字形结构上加以简化，显著提高了书写速度。

秦隶催化了汉隶的诞生，汉隶以蔡邕等人的《熹平石经》为代表。《熹平石经》的隶书方平正直，中规中矩，对后世影响很大。为了适应社会发展对于文字应用的需求，人们又在隶书的基础上，创造了结构简化、笔墨连贯的新书体——草书。秦汉时期，草书以东汉张芝为代表人物，其创作的《冠军帖》成为后世习草书者临摹的范本。

秦汉时期的书法艺术仍处在萌芽阶段，所谓的艺术创造也都是出于人们的无意书写。直到魏晋南北朝时期，人们才从长期的无意书写中觉醒，形成了书法艺术意识，将无意书写转变为自觉创作。书法也以一门成体系的艺术类别，正式进入文人墨客的文化生活。这一时期，许多宗师级书法名家涌现出来，比如钟繇、王羲之、王献之等。同时，这一时期也诞生了《宣示表》《兰亭集序》《中秋帖》《伯远帖》等多部千古流传的书法作品，堪称中国书法的黄金时代。

魏晋南北朝是书体演变的重要时期。此时，中国书法五体俱全，且臻于完善。随着时代的发展，隶书、篆书逐渐退出书法界主流，楷书、行书、草书三分天下。

隋唐书法延续魏晋风采，书法名家也多如星辰，比如被称为"唐初四大书家"的欧阳询、虞世南、褚遂良、薛稷；有"颜筋柳骨"美誉的颜真卿、柳公权；以狂草艺术名世，被称为"颠张狂素"的张旭、怀素。他们都是声名显赫的书法大家，在中国书法史上占有重要地位。

继魏晋、隋唐之后，宋朝是中国书法又一创作高峰，开创了"尚意"书风的新局面。苏轼、黄庭坚、米芾和蔡襄的书法自成一体，合称"宋四家"，共同引领书坛新风。除了文人墨客以外，当时的皇帝宋徽宗赵佶也在书法上取得了极高成就，他自创的"瘦金体"华美至极。

元代书法崇尚复古，赵孟頫是这一时期书法的代表，他自创"赵体"书，与欧阳询、颜真卿、柳公权并称"楷书四大家"。明朝前期，"台阁体"盛行，中期吴门书法崛起。明朝后期由于社会动荡，书法呈现多元化格局，出现了董其昌、张瑞图等名家。清朝初期，馆阁体盛行，风格单调呆板。清中后期碑学兴起，出现了何绍基、刘墉等风格迥异的书法名家。

中国书法历经几千年发展，在篆书、隶书、楷书、草书、行书的演变过程中，实用与审美这两条脉络始终并行不悖，共同完善书法的艺术体系，使之成为一项实用价值与审美价值并重的艺术类别。

二、古代书法文化简史

纵观古代书法文化简史,从汉字出现开始,书法从甲骨文、金文衍生出大篆、小篆、隶书、草书、楷书、行书等书体。在中国几千年历史中,书法从未出现过断层,这在世界范围内都是极为罕见的。

古代书法先后经历了开宗创源的商周和秦朝,由繁入简的两汉时期,承上启下的魏晋时期,辉煌灿烂的隋唐时期,变革创新的两宋时期,逐渐衰落的元明清时期。从整体上看,中国书法发展呈现出波荡起伏的曲线形态。在动荡不安、朝代更替的时期,书法艺术跌至低谷;在和平安定、国力强盛的时期,则出现书法艺术的高峰。

1. 开宗创源的商周和秦朝

书法始于文字。自商代开始,甲骨文、金文、石刻文和简帛文字等相继出现,为后期书法的诞生奠定了基础。

甲骨文和金文的形态、结构、笔画具有视觉化的象形特征；殷商之后，石刻文和简帛笔迹逐渐兴盛，为后世留存了珍贵的书写真迹。

秦代开创了中国书法先河，秦始皇统一六国后，在全国推行"书同文，车同轨"，将小篆确立为全国统一文字，书法文化也由此而兴。

2. 由繁入简的两汉时期

对书吏而言，秦篆笔画圆转复杂，不具有良好的使用功能。出于由繁至简的社会需要，民间诞生了书写更加便捷的隶书。隶书的使用给人们带来了极大的便利，与之密切相关的汉印篆刻艺术也获得了快速发展。

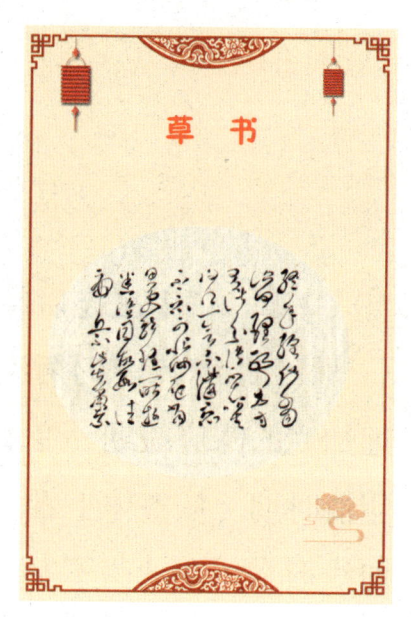

自隶书后，草书、楷书、行书等书体出现。到了东汉时期，还出现了专门的草书理论著作《草书势》。《草书势》的诞生，标志着书法获得了社会的认可，成为一种独具特色的艺术类别。

3. 承上启下的魏晋时期

魏晋南北朝时期是汉字书体承上启下的重要阶段，篆书、隶书、行书、楷书、草书等在这一阶段逐渐完善，书体的笔序、结构、形态、笔意逐渐定型。书法艺术从被动走向自觉，逐渐展露个性和时代精神，中国书法史的辉煌时代也由此拉开了序幕。

4. 辉煌灿烂的隋唐时期

隋唐时期，中国古代书法艺术的发展达到巅峰，安定的政治环境以及开放的社会风气，为楷书的发展提供了良好的背景环境。结构严谨、排列有序的楷书是唐代书法的主流，这一时期也衍生出欧体、颜体、柳体等多元化的艺术风格。除了著名的唐楷，唐代也继承了魏晋的草书文化，衍生了更加浪漫洒脱的狂草艺术，"颠张狂素"的草书艺术堪称一绝。

5. 变革创新的两宋时期

与隋唐时期相比，宋代书法在个性上有了很大发展。宋代的书法作品力求突出"书卷气"，在展现书法风貌的同时，还要表现出书写者自身的学问，从笔墨功底中散发出盈盈的学问之气，给人一种新型的审美享受。

6. 衰落的元明清时期

元明清时期，书法艺术的特征是崇尚复古，缺乏锐意创新。元代时期，书法地位下滑严重，即便如此，仍有赵孟頫、鲜于枢等名家承担起书法传承的使命，使得当时的书法艺术出现了短暂的复兴。

明清时期，以临摹前代的碑帖最为盛行。当时的书法家有董其昌、刘墉、吴昌硕等，他们也让书法艺术得以传承和弘扬。

中国书法历史悠久，蕴藏着东方艺术的魅力以及东方文化的精神风貌，具有无比深厚的群众基础以及与时俱进的艺术特征，是整个人类宝贵的文化遗产。

第一章 古代的书法文化

三、古代的五种书体

书体，即书法字体，也就是书法风格的分类。篆书、隶书、楷书、草书、行书这五种书体为古代常用书体。

在中国几千年文明史中，书法不断发展演变，经过淘汰和筛选，如今被后世所熟知的书体有篆书、隶书、楷书、草书、行书五种。

1. 篆书

篆书分为大篆和小篆。大篆在广义上是对甲骨文、金文、石鼓文的统称。大篆保留着原始象形文字的特征，字形变化多端，并没有形成统一的书写规范，因此书写较为不便。

小篆是在大篆的基础上加以简化演变而来，也叫作"秦篆"，字形较大篆更加整齐均匀，书写也更加顺畅便捷，其结构、笔画曲折婉转，圆匀秀美，别具一番韵味。

秦朝丞相李斯是小篆的创立者，也是第一位有史记载的书法家。清代钱泳在《书学·小篆》中写道："学篆书者，当以秦相李斯为正宗，所谓小篆是也。"

2. 隶书

小篆是秦朝官方认定的书法字体，而隶书则是在下层社会产生的一种字体。在日常生活中，人们为了更方便地使用汉字，将小篆中的象形部分剔除，保留下字形的大体结构，所以书法界一般认为隶书是由小篆发展而来的。

秦朝时期，隶书尚不完善，还没有形成完整的形态。到了汉代，隶书才臻于完美。定型的隶书"破圆为方"，字形呈方形，讲究"蚕头燕尾""一波三折"。

汉代时期，隶书盛行，成为汉代书法的主要书体。同时，隶书也是古今汉字的分界点。隶书上承篆书，对后来的楷书、行书产生深远的影响，在中国书法发展史上起到了承上启下的重要作用。

3. 楷书

楷书由隶书演变而来，但比隶书更加端庄规整。楷书起源于汉代，盛行于魏晋南北朝时期，钟繇的《宣示表》、王献之的《洛神赋》都是楷书典范。

到了大唐盛世，楷书更是姿态百变，精品迭出，衍生出颜体、欧体、柳体等名家书体流派，颜真卿的《颜勤礼碑》，柳公权的《玄秘塔碑》，欧阳询的《九成宫醴泉铭》都是闻名于世的楷书经典。可以说，楷书的艺术成就在唐代达到了巅峰。

4. 草书

草书是为了书写方便而产生的一种字体。为了快速处理繁杂的文书，书写官吏必须提高书写效率，因而草隶应运而生。

到了汉代，草隶演变为书写更加快捷规范的章草，章草又与楷书结合形成今草。如果说章草是隶书的速写版，那么今草就是楷书的速写版。唐代时期，狂放自由的狂草艺术出现了。狂草气势流畅顺达，连绵不断，"神化自若，变态不穷"。

5. 行书

行书是一种介于楷书和草书之间的字体，弥补了草书不易辨认和楷书书写费时的不足，以减省点画、笔法多变、潇洒流畅等特点见长。行书起源于两汉，成熟于魏晋，唐朝至明清时期依然久盛不衰。

圆融古朴的篆书，端庄秀丽的隶书，工整稳健的楷书，流畅温和的行书，狂放洒脱的草书，最终成为人们经常使用的五种书体。这五种书体的变化发展是一个连续不断、环环相扣的过程。五种书体在各自原来的基础上不断变化，形成了自身独特的书法之美，共同造就了多姿多彩、繁荣丰富的书法文化。

四、古代书法之美

中国书法是一门集文字、线条、构图、章法、意境、情感于一体，凝聚着独特魅力的艺术。书法的一点一画、一撇一捺皆体现出艺术之美。

书法具有艺术性、观赏性、审美性，不论是书法作品的结构、用笔，还是情感、气韵，都蕴含着独特的美学特征。

那么，中国书法究竟美在哪里呢？

1. 线条美

线条是书法作品的基础，精妙的用笔是一幅作品能够被反复品味的关键。书法艺术的最高境界在于气韵生动，即具备字形的结构美、力量感、韵律感。

首先是结构美。古代书论中有许多专门探讨书法结构的文章，如唐代欧阳询的《三十六法》，明代李淳的《大字结构八十四法》等。书法中的汉字结构可分为上下结构、左右结构、半包围结构、全包围结构等。书法作品中书体结构的变化，可以给欣赏者不同的视觉感受。

然后是力量感。中国书法以用笔为上。卫夫人在《笔阵图》中写道："下笔点画波撇屈曲，皆须尽一身之力而送之。"这句话的意思是，书法需要运用全身的力量去写。运笔过程实际上是对创作者的一种考验，倘若技巧不足，就会造成力的散失。技巧足够时，创作者所赋予毛笔的力道，便会使书法的线条更加富有内涵。

最后是韵律感。书法作品的笔画线条表现出的黑白对比，笔画的粗细、干湿、方圆等，都与创作者的运笔过程关系紧密。下笔时，创作者书写的轻重、快慢、松紧，都会造就汉字线条抑扬顿挫的韵律感。

2. 意境美

法国文艺理论家丹纳在《艺术哲学》中说："自然界有它的气候，气候的变化决定这种那种植物的出现；精神方面也有它的气候，它的变化决定这种那种艺术的出现。"

书写者的精神、心态或多或少会融入运笔之中，从而影响到整个作品的意境。比如颜真卿，生逢乱世，族亲皆在安史之乱中不幸丧命。可是，艰苦的抗争、亲人的离世并没有改变颜真卿的本性，他始终坚持着自己的态度。颜真卿书写的《祭侄文稿》，蕴含着伤亲哀思和忧国忧民的

第一章 古代的书法文化

悲愤。即使人们不看文章内容，也能从文字线条中感受到颜真卿难以言表的沉郁痛惋。

又如名垂青史的林则徐。他既是受人景仰的民族英雄，也是一位杰出的书法家。林则徐的字刚柔并济，既有正直沉静的抗争之气，也有端庄博学的君子风范。他所书的"海纳百川，有容乃大；壁立千仞，无欲则刚"一联，意境深远，泽被后世。

再如王羲之在心情愉悦的状态下书写的《兰亭集序》，笔墨间流露出的是轻松悠闲的生活意趣。风朗云轻的初春时节，在兰亭旁的崇山峻岭之中，王羲之与诸位好友饮酒高歌，即兴而作《兰亭集序》，笔体遒媚劲健，行气流畅，尽显潇洒飞扬之美。

中国书法是一种特别的视觉艺术，在笔画之间，观赏者能够感知到书法艺术的运动感和节奏感，探索书写者的情绪变化和心境，感受作者的情感流露，与其在情感上实现共鸣。

五、中国书法文化的内涵

中国书法的珍贵不仅在于书法家高超的用笔技巧,还在于其深层蕴藏着的内在价值——中国书法文化内涵。

变化多端、多姿多彩的结构安排和书写形态,是中国书法的外在形式,但中国书法的艺术价值远不止于此,深厚的文化内涵才是它得以传承几千年的根本原因。

在漫长的历史岁月中,中国书法不断提升内在核心价值,逐渐形成了深厚的文化内涵,成为一门真正的视觉艺术。中国书法文化的内涵表现在以下几个方面。

1. 书法蕴含着时代特征

中国书法承载了华夏五千年文明,在其形成和传播的过程中,受到不同朝代政治、经济、文化、历史、宗教等因素的影响。书法的形态、气质、审美,都会呈现出独特的时代特征。

比如殷商时期的甲骨文，其字体较长，笔画多方折，整体风格古朴稳重；汉隶则线条流畅顺达，笔画庄重，符合这一时期开放洒脱、雄浑壮阔的民族风貌；盛唐时期，书法风格气势恢宏、自由明朗……不同时期的书法作品带有鲜明的时代特征，这也成为辨别书法作品所属年代的有力依据。

2. 书法蕴含文化气息

造诣高深的书法家，大多都学识深厚，富有艺术修养，他们所书写的杰出作品，无不散发着文学艺术的魅力，具有浓厚的书卷气和较高的审美价值，比如《兰亭集序》《祭侄文稿》《松风阁帖》《赤壁赋》等书法作品。这些作品不仅以书法见长，也以内容取胜。

书法本身就是传统文化的载体，当中蕴含着浓郁的文化气息和深厚的文化内涵，所以书法作品创作者的知识涵养与艺术水平，也是鉴定评判书法作品水平高低的关键因素。

3. 书法包含人文情愫

中国书法在表现时代精神的同时，也包含着丰富生动的人文情愫。人们常说字如其人，杰出的书法作品之所以流传后世，不仅仅是因为其中令人赞叹的运笔技巧，更在于书写者打动人心的情怀、气质和境界。

颜真卿的《祭侄文稿》之所以能够流传千年，除了书法的审美价值外，其中蕴含的忧国忧民的高尚情怀，更是打动人心的重要原因。反观秦桧、蔡京等人的作品，即便所书作品杰出，也被后世弃如敝屣。

由此可见，中国书法之所以能够屹立世界艺术之林，不仅因为它既有实用性，又同时具有艺术性，还因为它具有深厚的文化内涵。中国书法艺术正是有了文化内涵的支撑，才得以千百年来传承不断，成为华夏文明宝库中的一颗璀璨明珠。

第二章

古代书法理论名家

第二章 古代书法理论名家

一、崔瑗

崔瑗（77年—142年），字子玉，涿郡安平（今河北安平）人，东汉著名的书法家，尤善草书。崔瑗撰写的《草书势》是现存最早的书法理论著作，对草书艺术的发展具有重要影响。

崔瑗是东汉著名的书法家，是汉代草书的集大成者，师法杜度，时称二人"崔杜"。

崔瑗的草书造诣精深，主要作品有《叹辞》《移社文》《七苏》《南阳文学官志》《悔祈》《草书势》等。三国时期，韦诞赞崔瑗"书体甚浓，结字工巧"，"草圣"张芝自云"上比崔杜不足"，南朝梁袁昂在《古今书评》中记载："崔子玉书如危峰阻日，孤松一枝，有绝望之意。"

崔瑗不仅是有名的书法家，而且还是书法理论家，他所撰写的《草书势》是现存最早的书法理论著作，其中详细记载了草书的发展沿革和艺术特色。作为中国书法史上的经典论著，《草书势》的诞生标志着书法艺术的觉醒，书法逐渐摆脱“字学”的束缚，结合审美需要，成为一门独立的艺术。

《草书势》中谈到了草书的审美价值，并提出了一个重要的美学命题“观其法象”。它的意思是在草书的一笔一画之中观赏它的艺术形象，通过草书的形态和笔画，更好地体会作者的思想情感。如“方不中矩，圆不中规。抑左扬右，望之若欹”，这几句指出了草书的结构更加自由飞扬，富于变化；如“兽跂鸟跱，志在飞移；狡兔暴骇，将奔未驰”，鸟兽飞移和狡兔奔驰，都是动感十足的意象，塑造了富有韵律的动态美，打破了静谧的空间艺术的限制；又如“或黝黚点黤，状似连珠，绝而不离”，“若山蜂施毒，看隙缘巇；腾蛇赴穴，头没尾垂”，点出草书笔势的连绵不绝，曲折流畅，这正是草书所塑造的生生不息的、奇异且富有活力的审美意象。

崔瑗在文章最后强调了书写草书要有法度，“就而察之，一画不可移"。在崔瑗看来，任何一种书体都必须具有相应的书写规范，先达到"一画不可移"的规范性，再去追求风格和个性。自由与规则高度统一，互为表里，这是草书艺术的重要原则。

崔瑗的《草书势》肯定了草书的社会价值和审美价值，揭示了草书的起源，总结了草书艺术的基本规律，赞美了草书气韵灌注的动态之美，并且对于草书艺术品格的形成发表了独到见解。整篇文章系统论述了草书的形态美、气势美、法度美，被奉为中国草书理论的开山之作。

欧阳询(557年—641年),字信本,潭州临湘(今湖南长沙)人,唐朝政治家、书法家。欧阳询是一位卓有成就的书法家,也是一位在用笔、结构、章法等书法形式上独有见解的书法理论家,著有书法论著《八诀》《传授诀》《用笔论》等。

欧阳询于书法上各体俱精,其书法成就以楷书为最。欧阳询技法成熟老练,与虞世南、褚遂良、薛稷并称"唐初四大书家",与颜真卿、柳公权、赵孟頫并称"楷书四大家",与虞世南并称"欧虞"。如此多的名号,足可证明欧阳询在中国书法史上的重要地位。

欧阳询在练书习字之初效仿王羲之,后来独创"欧体",骨气劲爽,法度严整,可谓平正中见奇险,规矩中见飘逸。唐朝张怀瓘在《书断》中称赞道:"八体尽能,笔力劲险,篆体尤精。……飞白冠绝,峻于古人,有龙蛇战

第二章 古代书法理论名家

斗之象，云雾轻笼之势，风旋电激，掀举若神。"欧阳询的代表作品有《九成宫醴泉铭》《化度寺故僧邕禅师舍利塔铭》《虞恭公温彦博碑》《皇甫诞碑》等，成为后世书法爱好者竞相模仿的范本。

作为唐楷名家，欧阳询在书法理论上也有其独到的见解。他撰写了《传授诀》《用笔论》《八诀》《三十六法》等书法理论名篇，总结出楷书用笔、结体、章法等书写技巧以及审美要求。《传授诀》是欧阳询写给儿子的书法秘诀，强调书写时应思虑平静，用笔必须心圆管直，运笔要用力得当。要审查字的间架结构和所蕴含的势能，达到"四面停匀，八边俱备，短长合度，粗细折中"，写字"不可忙""不可缓""不可瘦""不可肥"，牢记四个"不可"，才能做到"细详缓临，自然备体"。整篇文章篇幅短小，意味深长。

欧阳询在《用笔论》中论述了书法艺术应具备的美学要求，强调书法艺术应表现出客观事物的形象之美，"迅牵疾掣，悬针垂露，蠖屈蛇伸，洒落萧条，点缀闲雅，行

行眩目，字字惊心，若上苑之春花，无处不发，抑亦可观"，用笔的轻重、方圆、虚实、纵收、连断之间都蕴含着汉字的美学要求。

欧阳询在《八诀》中强调了练书习字时的技巧，"点"应"如高峰之坠石"，"卧钩"要"似长空之初月"，"横"应"若千里之阵云"，"竖"要"如万岁之枯藤"，"斜钩"应如"劲松倒折，落挂石崖"，"横折钩"则"如万钧之弩发"，"撇"仿若"利剑截断犀象之角牙"，"捺"要做到"一波常三过笔"，将用笔技巧意象化，从这些笔画形象中去感受用笔。

除此之外，欧阳询还谈到了书写时的心态，运笔前要凝神静气，将心中的杂念抛空，集中注意力进行创作。悬腕握笔，把握好用笔的力道；讲究字体的意境；选墨的时候要注意墨汁的浓度，太淡易伤眼，太浓则会导致笔锋运转不畅。

《八诀》中的汉字八种笔画的书写要诀，对于后世研究书法结构具有重要的借鉴作用，明代书法家李淳总结《大字结构八十四法》，清代书法家黄自元编撰《间架结构摘要九十二法》时，都受到了《八诀》的启示。

《三十六法》是欧阳询在长期的书法实践中用笔规律的总结，他从书写艺术的角度全面又精练地论述了书体的规格形式以及美学要求，将其归纳为三十六条规律，总结了书法汉字的架构布置，这对于快速掌握汉字的框架笔势具有重要的指导作用。

  张怀瓘（生卒年不详），扬州海陵（今江苏秦州）人，唐代书法家、书法理论家。他的书法理论著作很多，其中著名的有《书议》《书断》《书估》《六体书论》《论用笔十法》等。

张怀瓘是唐代著名的书法家，擅长书写楷、行、草诸体，其楷书刚劲有力，行书飘逸灵动，草书放逸不拘。

唐代吕总在《续书评》中评价道："张怀瓘草书继以章草，新意颇多。"然而，张怀瓘没有笔墨真迹流传后世，因此在历代书法专著中，对他的书法艺术大多语焉不详。

张怀瓘曾说："臣愿天下之事，悉欲尽美尽善，宁以书道独能谢于前代乎？"如他自己所言，他本人一生都在研究书法艺术。张怀瓘不仅是一位大书法家，更是一位极具鉴赏水准的书法理论家，他撰写的《书议》《书断》《书

第二章 古代书法理论名家

估》等书法理论著作,被后世书法爱好者奉为圭臬。

张怀瓘认为,书法艺术来源于自然万象,书法形态包罗万象。所以,他将"自然本体论"定为书法艺术的中心,论述了书法和天道、地理、人间万事万物的一体性,提出了气势恢宏的书法理论。

"风神骨气论"是张怀瓘书法理论的重要内容。张怀瓘认为"智则无涯,法固不定,且以风神骨气者居上,妍美功用者居下"。风神骨气指的是书法家的情感,以及作品体现出的一种内在的风韵、骨气。

一幅杰出的书法作品应当蕴含令人称颂的风神骨气,而用妍美的外在形式取悦感官的作品,远没有达到书法的"道"之境界。张怀瓘指出书法艺术的美在于内在的风韵,并以此作为鉴别书法作品水平高低的标准。优秀的书法作品必须以风骨立形,以神韵润色,达到形神统一、天质自然的地步,这才是书法的高级境界。

"三品说"是张怀瓘书法理论的核心之一。从书法自然的角度讲,"道"是书法的最高境界,判断书法作品优劣的关键在于是否合乎道法。对此，张怀瓘提出了"三品说"，将历代书法家的书法作品分为"神、妙、能"三品。虽然张怀瓘没有赋予"三品"具体的定义，但在他对各家的分析中，人们也能够提炼出"三品"的界定。

他评价蔡邕的书法"体法百变，穷灵尽妙，独步今古。又创造飞白，妙有绝伦，动合神功，真异能之士也"，评价张芝的书法"精熟神妙，冠绝古今"，评价王羲之的书法"备精诸体，自成一家法，千变万化。得之神功，自非造化发灵，岂能登峰造极"。这些评价都着重描述了神品书法家的天赋、创新精神、古朴淳实的艺术品格，正所谓"不可以智识，不可以勤求"，却能达到"穷灵尽妙，独步今古"的境界，就是如此了。

妙品书法家多是在某些方面做出了成就，张怀瓘评价卫夫人"隶书犹善规矩"，评价曹喜的书法"善悬针垂露之法，后世行之"。妙品书法家名望较高，在某一方面的造诣享誉天下，或浑然天成，或柔美秀丽，但还没有达到变化无穷的境界。

能品书法家多是在某一方面有所成就，但不足之处也较多。张怀瓘评价卫觊的书法"草体伤瘦，笔迹精绝"，评价卢藏用的书法"虽阙于工，稍闲体范。八分之制，颇伤疏野。若况之前列，则有奔驰之劳；如传之后昆，亦有

第二章 古代书法理论名家

规矩之法"。

如果说神品书法家的境地是高绝精妙，妙品书法家的境地则是有精妙之处，能品书法家就只是技巧精绝。神品书法家重在天赋，妙品书法家重在人功，能品书法家精于技巧，这也体现出了艺和技的关系，形而上为艺，形而下为技。

张怀瓘的书法理论极富思辨性，对于后世探讨书法艺术具有重要的借鉴和启示作用。如果说张怀瓘的书法只能入品，但他的书法理论却可以达到神品。可以说，不读张怀瓘的书法理论，就不能够完全理解中国书法的内涵。

四、张彦远

张彦远（生卒年不详），字爱宾，蒲州猗氏（今山西临猗）人，唐代杰出的画家、美术理论家。精通书画，著有《历代名画记》《法书要录》《彩笺诗集》等。

张彦远出生于官宦世家，高祖张嘉贞、曾祖张延赏、祖父张弘靖，都曾官至宰相，也都擅长书画。在诸位长辈的影响下，张彦远对绘画和书法产生了浓厚的兴趣，并大量搜集前代名贤的书法资料进行深入的研究学习。最后，张彦远在书画理论上形成了独到的见解，对书画理论史产生了深远影响。

张彦远在《历代名画记》中提出了著名的"书画同体论"："是时也，书画同体而未分，象制肇创而犹略。无以传其意，故有书；无以见其形，故有画。天地圣人之意也。"

第二章 古代书法理论名家

张彦远认为，书画起初皆源于象形规则，都具有描摹图像之功，且难以辨别界限。他先是从书画起源上论述了"书画同体"这一观点，后举例论证王献之的"一笔书"和陆探微的"一笔画"，进而引申出"书画用笔同法"的观点："昔张芝学崔瑗、杜度草书之法，因而变之，以成今草。书之体势，一笔而成，气脉通连，隔行不断。唯王子敬明其深旨，故行首之字，往往继其前行，世上谓之'一笔书'。其后陆探微亦作一笔画，连绵不绝。故知书画用笔同法。"

张彦远认为，不管是绘画还是书法，皆以用笔为上，所以书法家和画家的笔法有相同之处。他以笔法立意，以王献之、卫夫人、张旭、吴道子等人为例，讲述书法和绘画在用笔之道上的内在统一。

张彦远从笔法的角度来论述"书画同体"的观点是卓有见地的，他的这种看法被后世所传承，此后凡言"书画同体"之论者，皆立足于笔法。

元代赵孟頫在《题秀石疏林图》中写道："石如飞白木如籀，写竹还应八法通。若也有人能会

张彦远

此，须知书画本来同。"明代董其昌认为："士人作画，当以草隶奇字之法为之，树如屈铁，山如画沙，绝去甜俗蹊径，乃为士气。"

张彦远还认为，书画艺术在精神层面也是意气相通的。他明确指出："夫象物必在于形似，形似须全其骨气，骨气形似，皆本于立意而归乎用笔，故工画者多善书。"张彦远认为，绘画的成就离不开书法的援助，一个优秀的画家大都精于书法一道，善于从书法中汲取用笔的技巧。书画用笔同法，造成了书画立意、作品内涵等内在"笔法"的统一。"工画者多善书"的言论使"书画同体"的理论更加完善，也为后世写意画风的确立提供了思想依据。

张彦远是中国书画史上第一个从绘画的角度讨论书法艺术的人。他提出的"书画同源"与"书画同法"理论，深刻地揭示了书画本体与用笔的内在联系，对后世的书画实践和美学要求产生了深远的影响。

五、米芾

米芾(1051年—1107年),字元章,祖居太原,后迁居润州(今江苏镇江),号海岳外史、火正后人,北宋著名的书法家、书画理论家。米芾的书法造诣颇高,擅隶、楷、行书等体,主要作品有《张季明帖》《李太师帖》《蜀素帖》等。

米芾生于北宋仁宗时期,自幼学习书法。米芾一生仕途坎坷,于政治上没有多大建树,却在书画方面天赋异禀,造诣精深,他与苏轼、黄庭坚、蔡襄并称"宋四家"。

米芾不仅是北宋著名的书法家,同时也是一位书画理论家。《书史》《海岳名言》《宝晋英光集》虽然都不是系统的书论,但也具有比较完整的理论,涵盖了执笔、用笔、结构和章法等方面。

1. 执笔

米芾认为："学书贵弄翰，谓把笔轻，自然手心虚，振迅天真，出于意外。"即执笔要轻，掌心虚空，这样在书写时能减少滞涩感，用笔才能更加自然流畅，弄翰灵动，这样写出来的字才能够保持自然状态，流淌出天真的本性，展现出于意外的"天工"之美。

米芾在《海岳名言》里说："世人多写大字时，用力捉笔，字愈无筋骨神气，作圆笔头如蒸饼，大可鄙笑。要须如小字，锋势备全，都无刻意做作乃佳。"他明确地批评执笔太过用力，运笔时多有滞碍，平添人力之工，写出来的字没有筋骨和神气，缺乏"振迅""天真""意外"的艺术效果。

2. 用笔

在用笔上，米芾认为："字之八面，唯尚真楷见之，大小各自有分。智永有八面，已少钟法。丁道护、欧、虞笔始匀，古法亡矣。"米芾对于过于规整的唐楷有偏见，贬欧、虞、褚、柳、颜诸家为"一笔书"。米芾主张"八面出锋"的笔法，强调笔毫运动方向的多变性，追求字形的变化多端，达到"稳不俗，险不怪，老不枯，润不肥"，亦即"骨筋、皮肉、脂泽、风神俱全"。

除此之外，米芾对于用笔故意藏锋也是嗤之以鼻，评价这种做法为"笔笔如蒸饼""丑怪难状"。他主张天真、自然的用笔之法，不可全部藏锋，也不可笔笔露锋，以"书法自然"为准则。

3. 结构

米芾认为在字形结构上要有差异，他说："'三'字三画异，故作异；重轻不同，出于天真，自然异。"这段话的意思是："三"字本身就有三个笔画，因此在书写的时候要注意字形结构不能雷同，在用笔的轻重、字形姿态上做到差异化，分别表现出它们各自的特点，才能够消除刻意做作的斧痕，达到天真自然之感。米芾强烈排斥矫揉造作的书风，崇尚天真意趣，因此强调字形结构不能千篇一律，要做到变化多端、富有韵律。

4. 章法

在章法布局上，米芾也力主凸显书写的自然意趣。他举了一个例子："盖字自有大小相称，且如写'太一之殿'，作四窠分，岂可将'一'字肥满一窠，以对'殿'字乎？盖自有相称，大小不展促也。"即章法布局要安排合理，要注意字与字之间的摇曳呼应。根据字的大小、笔画自然安排，才不失自然天真的艺术性感受。

天真、率性、自然是米芾书法理论的核心思想，他排斥矫揉造作的书风，主张天然意趣，在《答绍彭书来论晋帖误字》诗中写道："何必识难字，辛苦笑扬雄。自古写字人，用字或不通。要之皆一戏，不当问拙工。意足我自足，放笔一戏空。"

米芾是北宋时期延续苏轼尚"意"书风的重要书法家，其作品欹纵变幻，雄健清新。

六、祝允明

祝允明（1461年—1527年），字希哲，自号枝山，长洲（今江苏苏州）人，明代著名的书法家，他与文徵明、王宠合称"吴门三家"，与唐伯虎、文徵明、徐祯卿并称"吴中四才子"。

祝允明出身于书香门第，外祖父徐有贞喜好唐朝怀素、北宋米芾的书法，善写行草书，在徐有贞的言传身教下，祝允明自幼学习书法。

除了祖父徐有贞，他的岳父，即书法家李应祯也对祝允明的书法学习产生了巨大影响。经过二位名师的悉心栽培，祝允明在书法上取得了极高的成就，在书法理论上也颇有见地。

祝允明的书法主张是"性"与"功"并重。祝允明在《评书》中说："有功无性，神采不生；有性无功，神采不实。""功"指的是书法表达的功夫，"性"指的是人的精神境界。祝允明认为，书法创作功底以及高尚的精神世界是评价书法作品水平高低的关键，只有书法创作功底或只有高尚的精神境界，书法就没有神采，二者缺一不可，必须完备。

祝允明认为，"功"要从前人的书法中领悟学习，只有师法前人，才能在向前人学习的过程中得到"功"。祝允明认为古法传统是不可忽视的，因此特地写下《奴书订》，批评当时流行的讥讽学古为"奴书"的主张，提出了"沿晋游唐，守而勿失"的看法。

祝允明

祝允明在《评书》中说："不屑为钟、索、羲、献之后尘，乃甘心作项羽、史弘肇之高弟。"他认为，要向前人学习，要辩证地看待继承传统和书法创新之间的关系，要在前人的书法中领悟原理，使自己的技法更进一步，达到更高的境界，这是祝允明对于"功"的深入认知。对"性"的认识，祝允明没有过多的论述，他主张"起雅去俗"，用学问修养来培养高尚的情操，从而达到更高的精神境界。

祝允明的书法理论，既主张尊重传统，又主张发挥个性。只有学习前人书法，才能够传承书法艺术的核心理念；只有拥有自身的独特性，才能够于技法一道、自成一体。二者不是对立的关系，书法创作者要辩证地看待传统与创新的关系，培养继承各家所长又不失创新进取的书学精神。

　　祝允明的书法理论不单是他的个人观点，也是当时苏州文人的心声。明代初期文坛流行重视功力、束缚个性的台阁派，之后兴起了主张"文必秦汉，诗必盛唐"的复古派，以及推崇创新、另辟蹊径的反复古派，三个学派的书学主张都比较片面，不利于正统书学思想的传承。而祝允明鲜明的书法理论兼采名家之长，将书风带回了正轨。

第三章

古代篆隶名家

第三章 古代篆隶名家

一、李 斯

李斯（？—前208年），战国末期楚国上蔡（今河南上蔡县）人，秦代著名的政治家、文学家、书法家。他开启了中国书法艺术之门，被后世公认为中国书法鼻祖，他的书法作品主要是为秦始皇立碑记功的"刻石"，代表作有《泰山刻石》《琅琊刻石》《峄山刻石》等。

李斯是中国第一位有史可考的且有作品传世的大书法家。李斯的书法水平虽然称不上冠绝古今，但他打开了书法艺术的大门，开创了中国书法史的篇章。李斯对于中国书法的贡献主要表现在以下几个方面。

其一是统一文字，将秦篆列为标准书体。清代王澍在《虚舟题跋》中说："小篆开自李斯，省大篆之繁缛以趋简易，三代以来风气至此一变。盖李斯笔法敦古，于简易中有浑朴之气。"李斯的小篆匀称稳健，笔力遒劲，法度严谨，唐代书法理论家张怀瓘在《书断》中将李斯书法列为神品之作，赞曰"画如铁石，字若飞动"。唐代李嗣真的《书后品》云："斯小篆之精，古今妙绝。秦望诸山及皇帝玉玺，犹夫千钧强弩，万石洪钟，岂徒学者之宗匠，亦是传国之遗宝。"李斯相当于篆书的祖师爷，在书法界有"学篆必先宗'二李'（秦代李斯、唐代李阳冰）"之说。

其二是推广统一的文字。许慎在《说文解字序》中说："斯作《仓颉篇》，中车府令赵高作《爰历篇》，太史令胡毋敬作《博学篇》，皆取《史籀》大篆，或颇省改，所谓小篆者也。"为了推广标准文字，李斯和赵高、胡毋敬等人亲作《仓颉篇》《爰历篇》和《博学篇》等范本，供世人临摹学习，以尽快熟悉小篆的字形结构。

其三是进行文字改革，在篆书的基础上，采用了程邈整理的新书体"隶书"。隶书始于秦，盛于汉，后来取代篆书成为官方的正式书体，被书法界公认为中国书法五体之一。

第三章 古代篆隶名家

其四是在书法理论上自成一体。《四库全书》所辑《历朝书论》中录李斯《论笔法》一文:"夫用笔之法,先急回,后疾下,如鹰望鹏逝,信之自然,不得重改。送脚,若游鱼得水;舞笔,如景山兴云。或卷或舒、乍轻乍重,善深思之,理当自见矣。"李斯认为,写字用笔要急速回转,如同苍鹰疾速盘旋,收笔如游鱼得水,运笔则如景山行云。笔画的或舒或卷、或轻或重,应当做到自然美观。

李斯是中国书法史上第一位有作品流传于世的书法家,其书法作品全部为刻石,代表作品有《泰山刻石》《琅琊刻石》《峄山刻石》《会稽刻石》等。《泰山刻石》是秦小篆的代表作品,笔势雄壮,平稳端严,世称"玉箸篆",被小篆书法的爱好者们奉为圭臬。

《琅琊刻石》也是典型的秦篆,用笔雄浑秀丽,较之《泰山刻石》更加精美,备受习小篆者的推崇。清代康有为在《广艺舟双楫》说:"秦分(即小篆)裁为整齐,形体增长,盖始变古矣。然《琅琊》秦书,茂密苍深,当为极则。"清杨守敬跋《琅琊刻石》中评价说:"嬴秦之迹,惟此巍然,虽磨泐(lè)最甚,而古厚之气自在,信为无上神品。"《琅琊刻石》当属秦篆作品之最。

《峄山刻石》原石据说被曹操登山时毁掉,现存的石刻是临摹本，其中以南唐旧臣徐铉所书、宋人郑文宝镌刻版最具李斯风韵。

《会稽刻石》的内容主要为颂秦德、罪六国、明法规、正风俗，原石已失，现存的《会稽刻石》是以元代重刻本为底本的仿刻版。

李斯留下的书法作品不多，从这些书法作品中能够体会到他用笔之精妙，眼界之开阔，境界之高尚。

第三章 古代篆隶名家

二、蔡邕

蔡邕（133年—192年），字伯喈，陈留圉县（今河南杞县）人，东汉时期著名的文学家、书法家。蔡邕在中国书法史上颇负盛名，为后世留下了杰出珍贵的书法作品，如《熹平石经》，他在书法理论方面也留下多部著作，如《篆势》《笔论》等。

蔡邕是东汉名臣，学识渊博，精通书法、天文、音律和文学。在书法上，蔡邕擅长篆书、隶书，晋朝的卫恒在《四体书势》里评价他的篆书为："采斯（李斯）、喜（曹喜）之法，为古今杂形。"其隶书造诣最深，梁武帝在《古今书人优劣评》中评价："蔡邕书骨气洞达，爽爽如有神力。"他首创的"飞白书"，强调飞白枯笔，"妙有绝伦，动合神功"。

蔡邕在书法艺术上的成就极高，对中国书法影响甚大。据说汉灵帝命工匠修缮鸿都门时，蔡邕有一次恰巧路过，看见工匠们正在用扫帚蘸着石灰水刷墙，被扫帚扫过的痕迹丝丝露白，蔡邕从中受到启发，回到家中后反复练习，终于创造出"飞白书"。"飞白书"笔画中丝丝露白，如同用枯笔一气呵成，十分独特。飞白枯笔的书写效果受到许多书法家的欢迎。魏晋南北朝时期的王羲之、王献之都热衷于书写飞白体，唐太宗李世民和唐高宗李治也精通此道，当时许多宫门口上的匾额题字都采用了"飞白书"。

蔡邕对于中国书法的另一个贡献是主持并书写了隶书典范《熹平石经》。熹平四年（175年），蔡邕上疏请求正定《六经》，来清除当时社会上流传的《六经》文字的杂讹和不规范的现象。汉灵帝批准后，蔡邕以汉隶书丹于碑，使工匠镌刻，立在当时的最高学府太学的门外，供儒生观摩，"其观视及摹写者，车乘日千余两（辆），填塞街陌"。

蔡邕书法对后世影响深远，唐代张彦远在《法书要录》中记载："蔡邕受于神人，而传之崔瑗及女文姬，文姬传之钟繇，钟繇传之卫夫人，卫夫人传之王羲之，王羲之传之王献之。"解缙在《春雨杂述·书学传授》中评价蔡邕为"书家授受之祖",可见蔡邕在中国书法史上的地位之高。

在书法理论方面,蔡邕为后世留下了《篆势》《笔论》《九势》等名篇。

《篆势》通篇论述一个"势"字,蔡邕以象形规则和美学思想分析论证,强调书法艺术要追求形与韵的结合,才能体现书法之美。在《笔论》的开篇就提出了"书者,散也"的论断,"先散怀抱,任情恣性",蔡邕认为书法写作的本质是为了抒发情怀,性情恣意才能够写出飘逸洒脱的文字。他还提出了书法作品应追求形象美,书法造型要符合客观事物的规律。

蔡邕在《九势》中提出了"书肇于自然,自然既立,阴阳生焉;阴阳既生,形势出矣"的观点,揭示了书法艺术的自然规律,并根据"书肇于自然"的哲学依据,总结了一种结字和八种用笔规则。

蔡邕的《笔论》和《九势》,在中国书论史上占有重要地位。他的书论思想和论断,标新立异、独有建树,具有重大的借鉴和启示意义,为中国书法艺术的发展提供了理论依据。

三、徐　铉

徐铉（917年—992年），字鼎臣，广陵（今江苏扬州）人，五代至北宋时期著名的文学家、书法家，擅小篆，隶书也比较出色，代表作有《篆书千字文》（残卷）、《私诚帖》等。

徐铉，字鼎臣，是五代至北宋时期的文学家、书法家。徐铉早年仕于南唐，官至吏部尚书，后仕于宋朝，官至散骑常侍，世称"徐骑省"。徐铉长于书法，精于古文字学，他与弟弟徐锴都是当时杰出的篆书高手，有"二徐""大小徐"之称。宋朝李穆在出使南唐时，见到"二徐"的文章，不禁赞叹道"二陆不能及也"！

徐铉师法李斯，他的小篆书法是继秦代李斯的又一座高峰。宋代欧阳修在《集古录跋尾·秦峄山刻石》中记载："昔徐铉在江南，以小篆驰名，郑文宝其门人也，尝受学于铉，亦见称于一时。"

第三章 古代篆隶名家

秦代李斯所书的《峄山刻石》，经过千百年的风吹、日晒、雨淋，这座刻石上的字迹早已损毁严重，不能辨别真面目。所幸，徐铉根据古代《峄山碑》拓本，临摹了《峄山碑》，并将其传授给了自己的学生郑文宝。

淳化四年（993），郑文宝根据徐铉的摹本重刻《峄山刻石》。此次翻刻是历代《峄山碑》翻刻版本中最好的一次，世称"长安本"，刻碑现存于西安碑林。

郑文宝极为崇敬老师徐铉，在重刻《峄山碑》上的跋文时写道："故散骑常侍徐公铉，酷耽玉箸，垂五十年，时无其比，晚节获《峄山碑》摸（摹）本，师其笔力，自谓得思于天人之际，因是广求己之旧迹，焚掷略尽。"我们能从此段跋文中得到一个关键信息，那就是徐铉晚年在书法上有了重大突破，将早年旧作尽数焚烧也在所不惜。

《宣和书谱》中记载："（徐铉）又谓自暮年方得䂺（wāi）匾法，识者然之。"朱熹在《晦庵论书》也提到了"匾法"："骑省自云，晚乃得'䂺匾法'，今观此卷

(《项王亭赋》），纵横放逸，无毫发姿媚意态，其为老笔无疑。"那么徐铉晚年创新的"匾法"究竟是什么样子呢？

宋代科学家沈括在《梦溪笔谈》中的评价有助于后人了解徐铉"匾法"的特点："江南徐铉善小篆，映日视之，画之中心，有一缕浓墨，正当其中，至于曲折处亦当中，无有偏侧处，乃笔锋直下不倒侧，故锋常在画中，此用笔之法也。"

从沈括的记载中我们可以得知，"匾法"是指在书写过程中，使笔直立，锋在正中，左右不偏，这样写出来的字更加瘦长，拿到太阳底下观看，会在笔画的中心见到一缕浓墨，这就是徐铉创新的"匾法"。"匾法"是中国小篆书法史上的创新之举，也是宋人尚"意"书风的先声。

书法界对于徐铉的小篆书法给予了高度评价，宋代尚"意"书风的代表人物黄庭坚说："徐鼎臣笔实而字画劲，亦似其文章，至于篆，则气质高古，与阳冰并驱争先也。"除了小篆之外，徐铉也精于隶书，可惜的是现存的徐铉真迹中并没有隶书作品。

徐铉还是一位行书高手，现藏于台北故宫博物院的《私诚帖》便是他的行书作品，全篇结构平稳，自然流畅，书风天然有趣，开启了宋代尚"意"书风的先河，对北宋诸多书法产生了巨大的影响。

四、邓石如

邓石如（1743年—1805年），字顽伯，号完白山人、笈游道人，怀宁（今安徽安庆）人，清中叶著名的篆刻家、书法家。他擅长各体书法，以篆、隶为最精，被评价为"四体皆精，国朝第一"。

清代以来，金石碑碣等物频繁出土，伴随着金石学、考据学的兴起，沉寂近千年的篆、隶书法迎来了秦汉之后的第二次高峰。

到了清代中叶，兴起的碑学代替帖学成为书法界的主流，掀起了一阵崇尚碑学的书风，其中不乏名家名师，邓石如就是其中的代表。

邓石如最擅长篆书、隶书，并且吸纳百家之长，形成了自身独特的书法风格，对清代中后期诸多书法家影响颇深。清代李兆洛评价他的书法"真气弥满，楷则俱备，其手之所运，心之所追，绝去时俗，同符古初，津梁后生，一代宗仰"。

邓石如的小篆师法李斯、李阳冰，在前人的基础上大胆创新，以隶法作篆，将隶书的笔法糅合到篆书之中，利用毛笔的特点来丰富篆书的用笔，选用锋长、毫软的笔，提按起伏，收放有度，打破了篆书书写僵化的传统模式，大大丰富了篆书的笔意，开创了小篆书法的新气象。

邓石如晚年的篆书书法更是到了出神入化的境界，他所作篆书线条圆畅浑厚，笔力苍劲遒练，书风古朴雄浑，使清代篆书的面目为之一新。

邓石如的隶书也是超群绝伦。他用篆籀之笔，逆锋起笔成圆头，收笔回锋不露锋，中锋运笔，提按起伏较小，结体紧密，大气磅礴，颇具三国及北魏书

风。邓石如以篆意写隶，佐以魏碑的气力，使得隶书既具有汉隶的古拙气势，又跳脱出隶书，别具一番姿态。

邓石如还善篆刻，并将"隶从篆入，篆从隶出"的书法特色带入了篆刻治印中。他以小篆入印，强调篆刻的笔意，"疏处可以走马，密处不使透风"，自开邓派一门，做

第三章 古代篆隶名家

到"书从印入,印从书出"。

时人对邓石如的书法、篆刻评价极高。大学士刘墉称其"千数百年无此作矣";户部尚书曹文埴称赞其为"四体书皆为国朝第一";包世臣在《国朝书品》中将邓石如的篆书、隶书列为神品,称其"遒丽天成,平和简静"。

邓石如是中国书法史上少有的平民书法家,他以一己之力打开了清代碑学的大门,开宗立派,登高一呼,一改帖学的传统风气。"隶从篆入,篆从隶出"的书写方法打破了篆书僵化的传统模式,开辟了篆书艺术的新局面。

金农(1687年—1763年),字寿门、司农,号冬心先生、稽留山民等,清代书画家。他博学多才,善书画篆刻,他的书法既新奇又古拙,别具风格、不落俗套。

金农,为"扬州八怪"之一,是扬州八怪中书法成就最高的一位,尤善隶书。他独创的漆书,横粗竖细,锋齐而笔画斩截,如同用漆刷书,兼有楷、隶体势,后世称之为"冬心体",马宗霍在《霋岳楼笔谈》评说:"冬心以拙为妍,以重为巧。"

金农在《鹤赋》中写道:

余年七十始作渴笔八分,汉魏人无此法也。康熙间金陵郑簠虽擅斯体,不可谓之渴笔八分,一时学郑簠者,更不可谓之渴笔八分也。

乾隆戊寅六月三日,七十二翁杭郡金农记。

第三章 古代篆隶名家

这里的"渴笔八分"即为漆书,这种新书体糅合了汉隶和魏楷的体势,用笔方扁如刷,只"折"不"转",棱角分明,墨色乌黑光亮,如同以漆刷字,于笨拙拘谨中流露出雅拙之趣和金石气,极富个性。

漆书是金农书法最具代表性的书法风格,打破了中国书法的传统法度,在笔墨技法上达到了随心所欲、出神入化的创作境界。

金农所创的漆书面世后,对当时的书坛产生了极大的震动和影响。吴昌硕曾称赞金农的漆书:"禅语灯前粥饭,天游笔底龙蛇。香色最宜供佛,凭渠浩劫虫沙。下笔一尘不染,吟诗半偈能持。"郑板桥称赞金农:"乱发团成字,深山凿出诗。不须论骨髓,谁得学其皮?"

金农的漆书与他本人的个性一样,不蹈袭他人,不易被模仿,更不易被常人所接受。金农在六十岁之前,其隶书风格在个性与传统之间跳跃,看上去比较"正常"。

金农早期所写之隶书,"墨守汉人绳墨",得力于汉隶，结构严密，格调高古，朴素见解。早期作品隶书《王彪之井赋》轴，用笔圆厚丰腴，结体横向取势，有开合之韵；隶书《传记册》风貌与前者不同，用笔以方笔为主，朴质刚健。

隶书《周礼职》轴、隶书《梁楷传记》轴是金农转型期的代表作品。隶书《周礼职》轴结体横向开张，运笔以方笔为主，多有朴拙、峻拔之意；隶书《梁楷传记》轴结体纵向趋势，用笔横粗竖细，更加接近漆书的特点。

金农的隶书虽得力于汉隶，但自辟蹊径，体势独特，不落俗套。杨守敬曾言："板桥行楷，冬心分隶，皆不受前人束缚，自辟蹊径。"金农也曾在《鲁中杂诗》中自云："耻向书家作奴婢，华山片石是吾师。"

可以说，金农不只是一位书体善变的书法家，更是一位富有开拓精神的探索家。他的书体品种变法丰富，书法变革思想内涵深邃。他的书法作品表达出强烈的个性特质，折射出反对束缚、背离传统的艺术思想解放的光芒。

六、桂　馥

桂馥（1736年—1805年），字冬卉，号未谷，山东曲阜人，清代著名学者、文学家、书法家、篆刻家。桂馥尤擅隶书，与伊秉绶、郑簠和金农被誉为清代"隶书四大家"。

桂馥出生于山东曲阜一个书香世家，他的曾祖、祖父和父亲都做过贡生，受长辈的影响，桂馥自幼就喜好读书和研习书法。1768年，桂馥进入国子监学习，因品行良好被选为教习。1789年，桂馥已经五十三岁才考中举人。第二年春天，赴京参加会试，考中进士，被选为教授。1796年，桂馥被任命为云南永平县知县，后来调任顺宁县知县。1805年，他于任上病逝。

桂馥的书法、篆刻皆雅负盛名。桂馥一生专攻隶书，书法艺术长期浸淫于汉碑，方严厚重，古拙淳朴，雄壮劲健，包世臣在《艺舟双楫》评其为"分书佳品上"。

桂馥是清中期隶书的代表人物，他的书法源于《礼器》《乙瑛》《史晨》等汉隶碑版，中正平和，浑厚凝重，充满庙堂之气，形成了兼收并蓄、碑帖交融的书法风格，既有古拙典雅的一面，也有流美、柔畅的一面，颇具汉隶雄健浑厚的风貌，被认为是汉隶风神的典范。桂馥的隶书在他的书法中成就最高，清人张维屏在《松轩随笔》极力称赞他的书法："百余年来，论天下八分书，推桂未谷第一。"

桂馥的隶书作品，结字工稳平实，格调高古，技法平实质朴，摆脱了清初习隶书者常见的波挑习惯和诡异字形，给人以厚重、大气的感觉，堪称清代隶书的精品。但也因为工秀矩度、严谨凝重的书风，使他的作品不免有失生动自然的灵气、个性特质以及情感色彩。

桂馥作为一代书法大家，不仅拥有深厚的书写功底，而且在书法理论上也颇有见地，对隶书的书学观有着独到见解。桂馥在《晚学集·说隶》中写道："作隶不明篆体，则不能知其变通之意；不多见

碑版，则不能知其增减、假借之意。隶之初，变乎篆也。"桂馥认为，隶书是从篆书演变而来的，要写好隶书就一定要追本溯源，搞清楚篆书的演变脉络。另外，还要结合金石考据，对于出土碑版皆以文字训诂考经证实，知晓其中的含义。

桂馥对于隶书书学观的"崇古"思想，也可以在旁人对他的评价中得到认证。清梁章钜在《退庵随笔》中评价："未谷能缩汉隶而小之，愈小愈精。"现代学者沙孟海在《近三百年的书学》中说："桂馥是个小学家，他的隶字，写得很方整，有些近朱彝尊，但比朱彝尊来得平实，来得雄厚。逸气少一些，但所吸收的汉碑气味，比朱多了一些。"

桂馥不仅精通汉隶，在篆刻方面也有极高的成就，著有《续三十五举》《缪篆分韵》等印学名著，为清代印坛提供了学术上的保障。桂馥的篆刻作品流传甚少，汪启淑有幸乞得其数钮，将其编辑收录到《飞鸿堂印谱》之中，使后人能够一睹桂馥的铁笔风采。

第四章

古代行书名家

第四章　古代行书名家

一、王羲之

王羲之（303年—361年，一说321年—379年），字逸少，琅琊临沂（今山东临沂）人，东晋时期大书法家。王羲之的书法成就突出，有"书圣"的美誉。他精通书法各体，楷书以《黄庭经》等著名，草书则以《十七帖》最传神，行书以《兰亭集序》《快雪时晴帖》《丧乱帖》广为人知，其中《兰亭集序》被誉为"天下第一行书"。

王羲之生于钟鸣鼎食的琅琊王氏，自小跟女书法家卫夫人学习书艺，后广采众长，备精诸体，"兼撮众法，备成一家"，形成了笔法精致、遒美健秀的书风。

王羲之善行书，师从书法名家钟繇。钟繇精于隶书，因此王羲之的行书作品不免带有隶书笔意。王羲之在学习钟繇书法的过程中，摒弃了某些较为浓厚的隶书笔法，使得改造完善后的行书风格更加清新生动,"纵不复端正者,爽爽有一种风气"。

王羲之那独特的"牵丝相连"技法,使点画之间气脉相连、筋骨缠绵,笔画之间峰回路转、跌宕起伏,"状若断而还连"。另外,王羲之还将草书写法引入行书,字形变化灵动,笔势连贯流利,体势欹侧遒媚。

王羲之的行书从容有度,不激不厉,飘逸洒脱中又带有几分古拙质朴之感,具有一种醇厚、雅致的"中庸"之美,是风韵与力度的完美结合,也是静态与动态的高度统一,对后世影响深远,影响了一代又一代的书法名家。

王羲之的行书作品可分为三类:一类为严谨的行楷,比如《兰亭集序》;一类为集字作品,如《集王羲之书金刚经》《唐怀仁集王羲之圣教序》;剩下的一类为尺牍手札类,这也是王羲之书法作品中数量最多的一种,如《孔侍中帖》《姨母帖》《丧乱帖》。

王羲之的行书被历代书法名家所敬仰,其书《兰亭集序》，全文28行，共324字，字字精妙，运笔跌宕起伏，章法布局纵向成行，横不成行，遒媚飘逸，被誉为"天下第一行书"。

《兰亭集序》在中国书法史上地位显赫，受到历代文人书法家的推崇效仿，董其昌在《画禅室随笔》中写道："右军《兰亭序》，章法为古今第一，其字皆映带而生，或小或大，随手所如，皆入法则，所以为神品也。"解缙在《春雨杂述》中说："右军之叙兰亭，字既尽美，尤善布置，所谓增一分太长，亏一分太短。"

王羲之的书法，字形飘逸灵动，笔势委婉含蓄。欧阳询在《用笔论》赞道："尽妙穷神，作范垂代，腾芳飞誉，冠绝古今，惟右军王逸少一人而已。"唐太宗李世民在《王羲之传论》中称赞其书："观其点曳之工，裁成之妙，烟霏露结，状若断而还连；凤翥龙蟠，势如斜而反直。"

王羲之是中国书法史上的丰碑式人物，在汉字字体演变的特殊时期，集古出新，在刘德升、钟繇的隶书笔意中融汇新意，改变了行书"古法"，确立了笔法新体，将书法艺术推向了一个新高度。

王珣(350年—401年),字元琳,小字法护,琅琊临沂(今山东临沂)人,东晋时期书法家。王珣工于行书,其行书代表作是《伯远帖》。

王珣,是东晋著名书法家王羲之的远房侄子。琅琊王氏世代善书,名家辈出,王珣从小就受到王氏家族书法风格的熏陶,他也精通行书。

王珣的祖父是东晋丞相王导,他的父亲是中领军王洽。最初,王珣担任大将桓温的掾属,后转任主簿。桓温北伐时,把军中机要事务都交由王珣处理。

369年,豫州刺史袁真叛归前燕。王珣参与讨伐,并平定叛乱,因功封东亭侯,其后转任大司马参军。373年桓温死后,王珣调任中军将军桓冲的长史、给事黄门侍郎。谢安掌权时期,王珣被任命为豫章太守,但他不去上任。后来,他又被任命为散骑常侍,仍不接受任命,随后

第四章　古代行书名家

调任秘书监。

谢安去世后，王珣调任侍中，凭借才学深受东晋孝武帝司马曜的赏识，成为其亲信。王珣先后担任尚书左仆射、征虏将军和太子詹事，隆安元年（397年），晋升为尚书令。在司马道子征讨王恭的战役中，他被任命为卫将军、都督琅琊水陆军事，平定乱局后被加封为散骑常侍。

401年，王珣因病解职。同年五月，因病去世。

王珣的《伯远帖》是最接近"二王"（王羲之、王献之）笔法的行书作品，弥补了书法界难见魏晋真迹的一大憾事，令世人可从中窥见魏晋时期书法艺术的绝世风华。

《伯远帖》是王珣写给亲友王穆的一封信，仅有47个字，都是寻常之语，但其中却蕴含着不可估量的书法艺术价值和历史文物价值。这封信对于王珣而言，只是怀着痛切心情与人倾诉的一种表现形式，而对于后人而言，却是直面魏晋风度真容的难得途径。

因其独特的历史性、文化性，《伯远帖》享有"天下第四行书"的美誉，也奠定了王珣在书法界的地位。

《伯远帖》备受书法大家青睐，其上附有许多名家的题跋，如乾隆皇帝在卷首御笔亲题"江左风华"，董其昌在正文之后作："晋人真迹惟二王尚有存者，然米南宫大令已罕，谓一纸可当右军五帖，况王珣书。视大令不尤难觏耶！既幸予得见王珣，又幸珣书不尽湮没得见吾也。长安所逢墨迹，此为尤物。"

　　董其昌对王珣书法评价甚高，在《画禅室随笔》中评价《伯远帖》为："潇洒古淡，东晋风流，宛然在眼。用卿得此，可遂作宝晋斋矣。"董其昌以"潇洒古淡"为书法美之极诣，"淡美"是董氏书法独特的艺术特点，"潇洒古淡"在董氏书法美学中堪称最高评价。

　　乾隆皇帝也为王珣的书法站台，他对《伯远帖》甚为钟爱，将其列为"三希堂法帖"之一，并在《三希堂记》里说："羲之清风峻节，固足尚；即献之，亦右军之令子也；而王珣，史称其整颓振靡，以廉耻自许。彼三人者，同族同时，为江左风流冠冕。"

　　这两位的赞誉，打破了王珣书法低调无华的社会论调，《伯远帖》也开始被书法界视为神品。近代启功先生写诗赞颂《伯远帖》："王帖惟余伯远真，非摹是写最精神。临窗映日分明见，转折毫芒墨若新。"

三、苏 轼

苏轼（1037年—1101年），字子瞻，号东坡居士，眉州眉山（今四川眉山）人，北宋著名的文学家、书画家。苏轼在书法艺术上成就极高，与黄庭坚、欧阳询、蔡襄并称"宋四家"，共同引领宋代尚意书风。

苏轼在书法上有着极高的造诣，他曾说"书初无意于佳乃佳尔"，并且独辟蹊径，开启了宋朝尚意的书风，对后世书法发展产生了深远影响。

苏轼擅长行书，他广学晋、唐、五代的名家之长，借鉴王僧虔、徐浩、李邕、颜真卿、杨凝式等书法先贤的特色，自己融会贯通后自成一派，"自出新意，不践古人"。

苏轼的行书介乎于楷、草之间，自由潇洒，灵活多变，没有严格的定式，得心应手，不受拘束，既具有高度的艺术价值，又不失实用性，可谓雅俗共赏。

苏轼卓越的书法才能集中体现在他的行书作品《黄州寒食诗帖》。这是苏轼经历了"乌台诗案"后，被贬黄州第三年的作品，在一个凄风苦雨的寒食节，苏轼百感交集，提笔写下了这篇人生之叹。整幅诗文苍凉多情，字里行间都流露出苏轼心中的怅然孤独。即便抛开诗作内容，也能从剧烈变化的用笔结字、稳健急促的笔力、跌宕起伏的笔势中看到苏轼郁郁不平的情感。整篇书法深得颜真卿沉雄厚重之书风，兼容杨凝式的癫狂飘逸，气势奔放，光彩照人。

苏轼少年得志，"乌台诗案"却使他一朝跌入低谷，在生死边缘垂死挣扎，所幸得亲友营救，死里逃生。"乌台诗案"可以说是苏轼人生的巨大转折点。"乌台诗案"之后，苏轼被贬黄州，过着躬耕自给的清贫生活。在黄州生活的日子里，苏轼一步步从低沉走向旷达，从落寞转为豁达，再到超脱，他的文学、书法造诣也随之得到了前所未有的提高。

《黄州寒食诗帖》是苏轼情之所至，有感而发的兴起之作，论诗论字都痛快淋漓，一气呵成。这首遣兴的诗作，将诗文、情感、书法三者融为一体，将苏轼积压了三年的不平之愤以及无可奈何的哀怨喷吐而出，完美地契合了苏轼"无意于佳乃佳"的书法美学思想。正如黄庭坚在此诗后所跋："此书兼颜鲁公、杨少师、李西台笔意，试使东坡复为之，未必及此。"这是苏轼一生中写得最好的一幅作品，情感贯穿整篇书法，字形与情感高度统一，同步变化，哪怕让他再写一次，其心境也不再如当时澎湃汹涌，笔力也断不能达到这样的高度。

《黄州寒食诗帖》集中体现了苏轼的书法艺术理念，既包含了"无意于佳"的书法理论，也包括"点画信手"的创作实践，备受后人青睐，仅次于王羲之的《兰亭集序》和颜真卿的《祭侄文稿》，被历代书法名家视为旷世神品。

苏轼的著名书法作品还有《赤壁赋》。《赤壁赋》是掺入楷书写法的行书作品，笔势圆劲有力，结体紧密稳健，字形丰腴，笔力凝聚于筋骨之中，此谓"绵里裹铁"，通篇洋溢着静默、深沉的气息。明代董其昌曾评价："此赤壁赋，庶几所谓欲透纸背者，乃全用正锋，是坡公之兰亭也。"

黄庭坚（1045年—1105年）字鲁直，号山谷道人，北宋著名的书法家、诗人、词人。他在书法上独辟蹊径，大胆创新，走出了一条不同于时人的书法道路，是一位具有开创性的书法宗师，与米芾、苏东坡、蔡襄并称为"宋四家"。

在书法方面，黄庭坚是难得一见的天赋型人才。他凭借自身扎实的书法功底和绝佳的悟性，在唐末的书法风格上进行大胆创新，独辟蹊径，于唐代"尚法书风"和宋代"尚意书风"之间达到了一个微妙的平衡，开创了一个全新的书学境界。

黄庭坚擅长草书、行书和行楷书，尤善行书，书法用笔精到有力，运笔"一波三折"，结体开张舒展如"长枪大戟"，大气磅礴。

黄庭坚的书法真迹深受后世书法爱好者的喜爱，也成

第四章 古代行书名家

为书法临摹的经典范本。在黄庭坚的书法作品中最具代表性的是《松风阁诗帖》。

《松风阁诗帖》写于崇宁元年（1102年），当时黄庭坚与好友游鄂城樊山，途经松林间的一座亭阁，在此过夜，听松涛阵阵成韵，有感而发，便写成了这篇极负盛名的作品。

黄庭坚

《松风阁诗帖》用笔凝重有力，笔笔精到，线条一波三折，形如船桨拨水前行；结体舒展，气势开张，将风神激荡、长枪大戟的书风体现得淋漓尽致；笔画挺拔，健爽英杰，使人如见翠竹交错、摇曳婆娑之景。明末清初冯班在《钝吟杂录》中评价："笔从画中起，回笔至左顿腕，实画至右住处，却又跳转，正如阵云之遇风，往而却回也。"

这幅作品除了有精妙的用笔技法，其中寄托的作者的情思，更是令人为之心折。暮年的黄庭坚，在阵阵松风中，追忆往昔，百感交集，心中既有对贬谪流放的不满，又充斥着对当权者的反抗，还有对苏轼等师友的深切怀念，种种思绪融汇笔端，成就了这篇极负盛名的行书法帖。

《松风阁诗帖》风格清劲，沉着洒脱，意蕴十足，被后人公认为黄庭坚的第一力作，被评为"天下十大行书"之九。

黄庭坚的小字行书受苏轼影响颇深，例如《致云夫七弟尺牍》《致立之承奉足下帖》《致公蕴知县尺牍》等作品，用笔特征、结字体势都与苏轼的行书风格极为相似，由此可以看出苏轼书法对黄庭坚影响之大。

第四章 古代行书名家

五、米万钟

米万钟（1570年—1628年），字仲诏，号友石，陕西安化（今甘肃庆阳）人，明代著名的书画家。他擅长行书、草书，与邢侗、董其昌、张瑞图合称"明末四大书家"，与董其昌并称"南董北米"。

米万钟出生于官宦家庭，其父亲米玉曾任昭信校尉锦衣卫百户。米万钟少年时受到了良好的教育，对儒、佛、道教研究颇深。

1594年，米万钟考中举人。第二年，他考中进士，随后被任命为永宁（今北京延庆）令尹。

米万钟的仕途比较顺畅，先后任大理寺评事、正六品户部浙江司主事、从五品户部员外郎、从三品浙江参政、浙江布政使右参政、山东右布政使。米万钟为政清廉，关心民众疾苦，注重文化教育，颇受当地人称颂。

宦官魏忠贤把持朝政时期，许多官员趋炎附势，米万钟却刚正不阿，不攀附阉党。后来，米万钟因发表不满魏忠贤专权的言论，遭到魏忠贤爪牙弹劾诬陷，被罢官。一直到魏忠贤一党溃灭，米万钟才得以复职。1628年，米万钟积劳成疾，因病去世。

在书法方面，米万钟受米芾影响深重，清代秦祖永在《桐阴论画》记载："米仲诏万钟，驰骋翰墨，风雅绝伦，当时有南董北米之誉，向见仿米老巨帧，气势浩瀚，云烟渝郁，格律乃复谨严，而笔端奇逸之趣，苍苍莽莽，溢于纸素，令人探索无尽。"

米万钟十分崇拜先祖米芾，对他的笔法进行了深入研究学习，深得其精粹，书史称"行草得南宫家法"。

米万钟虽然热衷于研习米芾的书法，但并不局限于此，而是沿着传统书学取法古人。他上追魏晋风度，从"二王"等魏晋书法名家的作品中汲取营养，叶向高在《苍霞续草》卷五之《米仲诏诗序》中记载："谈者往往置仲诏于机、云、羲、献，辋川、松雪及其家海岳父子间。"除了涉猎魏晋法书，米万钟的书法也取法于北宋的书法大家。米万钟崇拜北宋名家苏轼，在他的书法作品中也有苏轼书法的部分特征。

米万钟在取法"二王"、苏轼等多位书法名家的基础上，融入自己的个性和情趣，学古而不泥古，既保留了传统技法，又糅合了自身的艺术特质，在书法作品中刻意体现自我个性，点画之间凝重又不失灵动，含蓄而又婉丽，线条流畅连贯，章法闲散平实、自然生动，不夹杂刻意做作的斧痕。

米万钟是一位具有创造性的大书法家，为后世留下了许多经典作品，如《湛园花径诗》《行书游焦山遗诗》轴，《刘景孟八十寿诗》轴等。这些作品多为大幅立轴，作品中破笔、枯笔较多，用笔回旋曲折、劲健丰润、沉着爽利，彰显了书者风流儒雅的气质。

在政权动荡的明代晚期，米万钟这样一位"书名掩其政名者"，在取法传统书学的基础上大胆创新，在书法中彰显个人情趣，对于当时被工整呆板的"台阁体"笼罩的书法界可谓是一股清流。

米万钟深深影响了晚明清初的书坛风气，启迪了日后的王铎、傅山等人朝着更为广阔的艺术领域拓展，对于书坛有着承前启后之功。

六、张瑞图

张瑞图（1570年—1641年），字长公，号二水，又号果亭山人、芥子居士，福建晋江人。他擅长书法，与邢侗、米万钟、董其昌并称为"明末四大书家"，引领了晚明书坛的浪漫主义书风。

张瑞图年少时家贫，在万历三十五年（1607年）高中进士，后来以礼部尚书的身份入阁。张瑞图曾为宦官魏忠贤书写生祠碑文，因此青云直上，成为宰辅重臣。

天启七年（1627年），魏忠贤被治罪，后畏罪上吊自杀，张瑞图因被魏忠贤提拔，受牵连卷入逆案，"坐赎徙为民"。张瑞图在余生里一直尽可能地去实现"假我数年，撇弃旧学，从不学处求之，或少有近焉耳"的追求。

张瑞图工于行草书，化古为新，于钟繇、王羲之之外另辟蹊径，开创了一种极具反叛性的、奇逸峻峭的书风。

第四章 古代行书名家

这种不拘一格的用笔体现了晚明书坛的浪漫主义精神。

张瑞图敢于在赵孟𫖯书风的笼罩下，跳出"二王"正道，开创一种奇纵旷达的书风，这与他在仕途上表现出的孱弱、屈从成反比。他的书艺大胆张扬，有三大特点。

一是用笔果断，行笔迅速。清代梁巘在《评书帖》评其书："行书初学孙过庭《书谱》，后学东坡草书《醉翁亭》，明季书学竞尚柔媚，王（王铎）、张（张瑞图）二家，力矫积习，独标气骨，虽未入神，自是不朽。"张瑞图在笔画行进时采用侧锋行笔，在笔画转折之处采用直折手法，在收笔处采用出锋手法。如

此化圆笔为方笔、平铺直入的笔法，其线条坚韧挺拔，笔触翻折凌厉，展现出痛快迅猛、锋芒毕现的笔法特点，颠覆了"二王"含蓄圆融的传统笔法，是晋唐以来所未曾有的一种新法。

二是结字险峻，一意横撑。相比传统圆转的结字，张瑞图采用了反笔直折的方法，在转折处直接使用折角，表现出刚毅、凌厉的视觉效果。在空间结构上，他采用横画

密集排列的形态，着力压缩横画之间的空间，正如梁巘《评书帖》所评："张瑞图书得执笔法，用力劲健，然一意横撑。"

三是字间距较近、行间距较远的布局。张瑞图在布局上独具匠心，有意加强字与字之间的紧密感，又刻意拉开行间距，造成字间距与行间距的鲜明对比，强调作品的贯通感，既紧密又舒朗，神采茂密，气息通畅。

张瑞图虽然在政治上沦为斗争的牺牲品，但在书法艺术上却极具创造性，他注重临摹前人书法，强化前人的书法精华，形成了自身独特的风格，表现出个性、不羁的一面。

清代秦祖永在《桐阴论画》中评："瑞图书法奇逸，钟、王之外，另辟蹊径。"杨守敬跋张瑞图《前赤壁赋》中说："顾其流传书法，风骨高骞，与倪鸿宝（倪元璐）、黄石斋（黄道周）伯仲。"

张瑞图的书法笔势雄伟，气势逼人，体现了"独抒性灵，不拘格套"的反叛传统的思想，独树一帜的书风启迪了其后的书坛大家黄道周、王铎、倪元璐、傅山等人。

第五章

古代草书名家

第五章 古代草书名家

一、张 芝

张芝（？—约192年），字伯英，敦煌渊泉（今甘肃瓜州东）人，东汉著名的书法家，擅长章草，被誉为"草书之祖"。他与钟繇、王羲之和王献之并称"书中四贤"。

张芝生于官宦世家，优越的生活环境使张芝受到了良好的教育，养成了淡泊名利的性格以及砥志研思的精神。张芝自小便刻苦练习书法，为图方便，索性坐池塘前习字，"凡家之衣帛，必先书而后练（煮染）"，纸张用完便以丝帛代之，写完放入池水中洗净晾干再用。长年累月的洗煮布帛，整个池塘的水都已成"墨"。王羲之曾言："临池学书，池水尽墨，好之绝伦，吾弗及也。"

张芝"临池学书，池水尽墨"的精神，严谨端正的学习态度，使得他声名鹊起，一时间追慕者众多，世人珍爱其墨，以至"寸纸不遗"。

张芝在书法方面不仅秉承着刻苦钻研的学习精神，同时也不乏创新进取的探索精神。张芝遍阅前代书法名家的作品，师古而不泥古，融汇新意，唐代张怀瓘在《书断》中记载："学崔（瑗）、杜（操）之法，因而变之，以成今草，转精其妙。字之体势，一笔而成。偶有不连，而血脉不断，及其连者，气脉通于隔行。"

在书法上，张芝学习杜操、崔瑗、崔寔的草书艺术，汲取前人的精华，并在他们的基础上加以创新，使草书艺术进入一个更加广阔的艺术领域。张芝的草书如清水长流，意趣无穷，给中国草书带来了蓬勃的生机。

历代书法名家对张芝的书法推崇备至，北宋苏东坡认为："笔秃千管，墨磨万锭，不作张芝作索靖。"唐代张怀瓘在《书断》中将张芝的草书列为神品："尤善章草书，出诸杜度、崔瑗云。龙骧豹变，青出于蓝。又创为今草，天纵颖异，率意超旷，无惜是非。若清涧长源，流而无限，萦回崖谷，任于造化。"

张芝的草书超群绝伦，"劲骨丰肌，德冠诸贤之首"，被书法界公认为"草书之首",世人尊称他为"草圣"。如果从他的传世作品中选取一件最为人称道的作品,那必定是《冠军帖》。

《冠军帖》对草书的意义,相当于《兰亭集序》对行书的意义。《冠军帖》通篇狂放恣肆,飞动流转,用笔方圆兼施,笔法奇诡多变,结体奇险灵巧,点画之间收放有度,上下左右摇曳呼应,字字之间气息贯通,行行之间飘忽呼应,是草书界必学的经典法帖。

韦诞（179年—253年），字仲将，京兆（今陕西西安）人，三国时期魏国的书法家。他"诸书并善，题署尤精"，工于草书，其书"如龙威虎振，剑拔弩张"。

韦诞出生于官宦之家，其父为太仆韦端。韦诞举孝廉入仕，魏明帝太和中为武都太守，因擅长书写被留补侍中，后升为光禄大夫。

韦诞师法东汉章草大家张芝，精通各种书体，尤善草书、楷书。他还自创了一种叫作"剪刀篆"的篆法，亦称"金错书"。

韦诞以精湛的书法艺术名重一时，三国时曹魏统治阶级宝器上面的铭文，大多为他所书。韦诞书法刚劲有力，沉稳中愈见张扬，气势高昂，给人以较为紧张的压迫之感。南朝梁袁昂在《古今书评》中评其书："如龙威虎振，

第五章 古代草书名家

剑拔弩张。"唐代窦臮（jì）在《述书赋》里称赞其书"或迸泉涌溢，或错玉班赋，迹遗情忘，契入神悟。"

韦诞"诸书并善，题署尤精"，最得意的莫过于楷书大字题署，三国曹魏宫殿名字的题署，大多出自他的手笔。

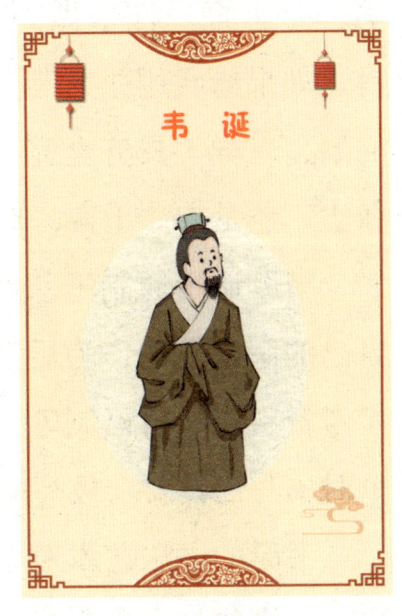

据传，三国时期魏明帝曹叡又命人修建了一座凌云台。凌云台刚刚落成时，明帝传下诏书，命令韦诞题署匾额。没想到的是，榜匾还没有题字就被工匠挂到了凌云台之上，于是只能将韦诞、笔和油漆装在笼子里，用辘轳将笼子吊至榜匾同高处。凌云台榜匾离地面二十五丈的高度，让韦诞心中恐惧不已。韦诞题书"凌云台"三字完毕，坐笼子下来时须发皆白。此事对韦诞产生了巨大的心理阴影，遂立下家规，告诫子子孙孙都不准练习大字楷书。

韦诞不仅是书法名家，而且还是制墨家，很擅长制墨。魏明帝青龙年间，大兴土木，建造贡院，洛阳、许昌、邺三都宫殿始成，明帝便诏令韦诞完成题署匾额之事，以便长久留存。韦诞对于墨品的要求十分严格，拒不使用魏明帝御赐的笔墨。他启奏明帝说："蔡邕自认为得了李斯、曹喜书法之精妙，不用上等的材料便不肯随意动笔。要想将一件事做到完美，就必须使用得心应手的工具。如果给我用张芝制造的笔、左伯制造的纸以及臣自制的墨，三样工具齐全完备，再经过我的双手，无论是一字径丈，还是方寸千言，对我而言，都非难事。"

韦诞还精通制笔，他在《笔方》一文中详细地记述了自己的制笔方法，为后世研究毛笔制作技术提供了宝贵的参考资料。从自己制笔、做墨的角度来看，韦诞确实是一个对书写工具要求极高的人。

韦诞的书法艺术对于魏晋时期的书法发展具有重大影响。可惜的是，由于韦诞本人个性古怪，阴晴不定，书法创作大多根据自己的心情进行，所以他的书法作品数量不多。

三、陆 机

陆机（261年—303年），字士衡，吴郡吴县华亭（今上海松江区）人，西晋文学家、书法家。陆机不仅"文章冠世"，而且也擅长书法，他的《平复帖》是现存年代最早的晋人草书墨迹，弥足珍贵。

陆机出身名门士族，为孙吴丞相陆逊之孙，其父陆抗为孙吴名将。陆机年少时有奇才，文章盖世。280年，孙吴政权灭亡，陆机退居家乡，闭门勤学。289年，陆机与弟弟陆云到京师洛阳云游，拜访当时的名士、太常张华。张华与陆机一见如故，张华还把他推荐给朝中重臣。此后，太傅杨骏征召陆机任祭酒。

陆机喜欢结交权贵门第，与外戚亲善。吴王司马晏任命陆机为吴国郎中令，后转任尚书中兵郎、殿中郎等职。当时，中原政治动荡，好友顾荣、戴渊等都劝陆机回到江南自保，他却志在匡正世难。

陆机后来投奔成都王司马颖，被任命为平原内史。后来，司马颖与河间王起兵讨伐长沙王司马乂，让陆机代理后将军、河北大都督，率军二十多万人。长沙王司马乂挟持惠帝与陆机在鹿苑交战，陆机大败。后来，宦官向司马颖进谗言，说陆机有异心。司马颖大怒，命牵秀去军营逮捕陆机。牵秀来到军中，将陆机和他的两个儿子处死。

陆机擅长书法，他的《平复帖》距今约有一千七百多年的历史，是陆机问候友人病情的一份信札，因其中有"恐难平复"的字样，所以被命名为《平复帖》。

《平复帖》的用笔提按变化幅度较小，以按、轻提居多，线条大都粗细相近，浑圆为本；墨色厚重，枯涩交替，燥润相映；结构上率性洒脱，有疏有密，潇洒自如，展现出变化协律、信手拈来的状态；章法布局上，行距、字距较小，字形变化不大，全帖紧密贯通，笔意纵横，给人以神采茂密之感，蓄势内敛，气韵相连。

《平复帖》是用秃笔写成的草字,保持了章草书法中的篆籀之意,但其运笔却没有隶书那样波磔分明,撇捺无波挑,严格意义上来讲属于章草向今草过渡中的书体,笔墨形态格古韵新,笔调摇曳多姿,上承章草古法,下开今草新意。

明代张丑评价说:"《平复帖》最奇古,与索幼安《出师颂》齐。惜剥蚀太甚,不入俗子眼。然笔法圆浑,正如太羹玄酒,断非中古人所能下手。"清代杨守敬评说《平复帖》:"系秃颖劲毫所书,无一笔姿媚气,亦无一笔粗犷气,所以为高。"

明代书法界泰斗董其昌也对《平复帖》极为钟爱,推崇备至,以高瞻的艺术眼光评定了它的书法艺术价值,确立了它在书法史上的"祖帖"地位,并为其题跋。

陆机不是当时的书法名家,《平复帖》也不是"法书",但因此帖是草书演变过程中的典型书体,且是罕见的两晋草书墨迹,对于研究书体演变具有重要意义。

作为章草向今草演变的标杆,《平复帖》以古意盎然、醇厚质朴的笔法完成了两晋书法对于三国书法的承载和延续,彰显了与时俱进的时代创新精神,强烈反映出魏晋风度真容,成为后世学习草书书法的重要法帖。

四、张 旭

张旭(生卒年不详),字伯高,苏州吴县(今江苏苏州)人,唐代著名的书法家,擅长草书,喜欢饮酒,世称"张颠"。张旭继承并发展了晋人的"一笔书",在此基础上开创出狂放洒脱的狂草艺术。

张旭的母亲陆氏为初唐书家陆柬之的侄女。张旭年少时,曾向堂舅陆彦远学习书法。成年之后,张旭通过应举或荐举、征辟而入仕,被任命为常熟县尉,后来担任金吾长史,世人因而多称其为"张长史"。

张旭为人洒脱不羁,豁达大度,学识渊博。他与李白、贺知章关系很好,杜甫将他们三人列入"饮中八仙"。张旭嗜好饮酒,常在大醉后手舞足蹈,然后提笔落墨。当时人们只要得到他的字,都会视若珍品。张旭曾经有个邻居,家境贫困,听说张旭成名了并且为人慷慨,就写信给

第五章 古代草书名家

张旭，希望得到他的资助。张旭同情邻人，便在信中说：你只要说这信是张旭写的，就可以卖百金。邻人照着张旭的话做，果然很多人争相购买。由此可见，张旭书法在当时很受欢迎。

张旭的书法与李白诗歌、裴旻剑舞齐名，被誉为"唐代三绝"。张旭是中国草书史上的宗师级人物，他在晋人草书的基础上，创造出狂逸夸张的狂草艺术，使草书艺术挣脱传统草书的藩篱，推动着草书朝向雄健豪放的方向发展，为中国草书开辟了一个无拘无束、自由恣意的艺术领域。

张旭汲取前人的书法精华，并结合唐朝的审美，创造出比"一笔书"更加潇洒奔腾、变幻多端的狂草书法，提高了草书的书写速度。

张旭的草书挣脱了"二王"草书风格的束缚，强调字形的张力，较之"二王"清朗俊逸的书风增添了圆浑刚毅的气息，拓展了草书的艺术审美发展空间。

张旭在学书过程中，不仅受到了历代诸位书法名家的影响，还善于从日常生活中寻找灵感，通过生活体验领悟书法艺术的妙意。

杜甫在诗作《观公孙大娘弟子舞剑器行（并序）》中讲到了张旭领悟草书笔法的过程："昔者吴人张旭，善草书帖，数常于邺县见公孙大娘舞西河剑器，自此草书长进，豪荡感激，即公孙可知矣。"看完公孙大娘的剑舞后，张旭从中领悟到草书的真谛，遂将舞乐的神采、气韵美融汇到书法艺术中，使点画线条如同乐舞一般凌空飞翔，气韵生动。

张旭对于书法艺术有着纯粹的热爱，寻常生活中的瞋、痴、爱、恨，平常人看不出端倪，而他却总能够联想到书法创作中，但凡有动于心者，皆成为创作的灵感源泉，化作笔下的龙飞凤舞。因此在张旭的草书作品中，世人能看到自然万物，看到人间悲喜。

张旭是一位极具个性的书法艺术家，常常喝得酩酊大醉，在酣醉中落笔成书，甚至以发蘸墨书写。他的草书乍看十分狂野，但绝非没有规范的涂抹，细看之下，便会发现张旭的笔画章法都是相当规范的，行笔有急有缓，笔画连绵不断，表现出鲜明的节奏感，极致的线条动荡加上激越的情感变化，给人以痛快淋漓之感。

唐代乃至后世的文人对张旭的草书评价甚高。杜甫作诗《饮中八仙歌》："张旭三杯草圣传，脱帽露顶王公前，挥毫落纸如云烟。"苏轼称赞张旭书法"意态自足，号称神逸"。现代学者黄锦祥这样评价张旭："草圣旭素，绝代双峰。中唐以降，迄今无越。"

  遗憾的是，张旭虽名垂千古，但流传下来的真迹却寥寥无几，如今现存的《肚痛帖》《心经》《千字文》等作品，多为拓本，但依然被书法学习者奉为草书圭臬。

五、怀 素

怀素（737年—799年），字藏真，僧名怀素，俗姓钱，永州零陵（湖南永州）人，唐代杰出书法家，史称"草圣"。怀素擅长草书，与张旭齐名，合称"颠张狂素"。他的书法作品有《自叙帖》《小草千字文》《苦笋帖》《圣母帖》《论书帖》等。

怀素十岁便出家为僧，少时在经禅之暇，酷爱书法，但因生活清贫无力购买纸张。为了练字，怀素便在住处种下许多株芭蕉，以芭蕉叶代纸。放眼望去，居住之所尽是蕉林，怀素和尚便将此地命名为"绿天庵"。怀素和尚芭蕉练字的典故，堪称书坛典范。

767年，怀素南下广州向徐浩学书法。后来，他结交张谓，并随他一同到长安。在这里，他有幸见到王羲之、王献之作品，并且拜会了张旭的弟子邬彤，并引以为师。

后来，母亲生病，怀素回乡探视。在返乡途中，怀素

第五章 古代草书名家

绕道东都洛阳南下,拜会颜真卿。颜真卿把"十二笔意"即"平谓横、直谓纵、均谓间、密谓际"等传授给了怀素,并为怀素作《怀素上人草书歌序》。

怀素中年时,云游雁荡山,在这里用草书抄写了《四十二章经》。晚年时,怀素又回到零陵,创作了被后世称为"天下第一小草"的《小草千字文》。之后,他常住成都宝园寺,在此度过了余生。

怀素的作品以疾速的用笔见长,是骤雨狂风的飞舞之笔,其中最重要的作品便是《自叙帖》。《自叙帖》是五十三岁的怀素感怀身世的宣泄之作,文章开端的字体较为端庄,给人以平和严谨之感;中间部分的字体,其力度和结构逐渐增强,使观赏者能够感觉到书者的情绪递进;文章的最后则达到了情绪的高潮,疾速的运笔将直率激越的心态体现得淋漓尽致。

怀素的《圣母帖》是他尽脱火气的通会之作,吸收了王献之、张芝、张旭、颜真卿的书法精华,用笔简约凝练,点画之间较少牵丝连绵,极为规矩,有草隶结合之感，犹如一瓣心香，不颠不狂不急不躁，书艺臻于炉火纯青之境。而到了此时，世人才更加清晰地看到一位书法艺术家真正的功力。

《自叙帖》是"以狂继颠"的独特笔法与似醉非醉的情感状态的高度统一，而《圣母帖》则是由绚烂复归到平淡，追寻生命本真与超脱的神迹，不管是技法还是气息都远在《自叙帖》之上。清代梁巘在《承晋斋积闻录》中评说："怀素《圣母帖》圆浑古茂，多带章草，是其晚年笔，较《自叙》更佳。盖《自叙》犹极力纵横，而此则浑古自然矣。怀素《圣母》乃其诸帖中之最佳者。"

在名家辈出的大唐时代，怀素勇敢冲破书法艺术"尚法"思想的束缚，在书法之境中，追寻本真，获得超脱，达到了精神上的绝对自由，完成了他对于书法艺术的至真至纯的追求。

在书法艺术中，怀素无疑是天之骄子。他从狂禅中领悟到"得真如"的妙谛，以酒助之，在酣醉中解放束缚的心灵，张狂自我地挥洒豪情壮志，与张旭一道，开创了草书艺术的浪漫主义先河，使草书艺术进入一个无限自由的新天地，可谓意义重大。

六、蔡 襄

蔡襄（1012年—1067年），字君谟，北宋著名的书法家、词人。蔡襄在书法艺术上造诣颇深，精于楷、行、草、隶书。苏东坡颇为欣赏蔡襄，在《东坡题跋》中赞曰："独蔡君谟天资既高，积学深至，心手相应，变态无穷，遂为本朝第一。"

蔡襄自幼聪慧，十五岁中乡举，十九岁参加会试，中进士甲科第十名。随后，他被授漳州军事判官、西京留守推官等职。蔡襄为人正直，遇事从不回避，奏疏忠诚恳切，大都关系天下利弊。

庆历五年（1045年），蔡襄被外放福建，后任福建路转运使。蔡襄在福州时，戒除陋俗，发动百姓，从福州大义至泉州、漳州七百余里的大道两旁栽植松树，荫庇大道。庆历八年（1048年），蔡襄因父亲去世而离职服丧。后来，蔡襄又再次外放福建，他在任上整顿吏治，修建沿海州县城池，加强军事防备。

1060年，蔡襄被征召入朝，升任翰林学士、尚书吏部郎中、知制诰、权三司使等职，后正式任三司使，加给事中，主管朝廷财政。蔡襄主张改革，提出择官、任才、去冗、辨邪佞、正刑、抑兼并、富国强兵的改革方案，但未被皇帝采纳。1067年，蔡襄病逝，享年五十六岁。

论及宋代书法，必然不能绕过的便是"宋四家"，蔡襄以端庄浑厚、自成一体的书艺位列其中，为后世留下了《入春帖》《贫贤帖》等墨迹。

北宋初年，唐人书风渐绝，蔡襄大力主张效仿前人，恢复晋唐风度。蔡襄虽然崇尚复古思想，但并非泥古不化。北宋科学家沈括在《梦溪笔谈》中评价蔡襄书法称："以散笔作草书，谓之散草，或曰飞草。其法皆生于飞白，亦自成一家。"

蔡襄用"飞草书"创造出许多精妙之作，包括《入春帖》《陶生帖》等作品。《入春帖》是典型的今草书体，在章法、用笔上与王羲之《远宦帖》极为相似，字字独立，以气势贯之，但与王羲之的风格又有不同，匀称的章法布局缺少跳跃性的笔画，气息上缺少雄强之气，更多表现了文人的儒雅与精细。

与笔法流畅、更具晋人古意的《入春帖》相比，《陶生帖》笔画更加清爽，笔力充沛，笔势顺畅，潇洒劲力，一气呵成。《陶生帖》是蔡襄以散卓笔写的"飞草书"，短短几行字表达了书者对于世事无常的怅惘与叹息，"达其情性，形其哀乐"，字里行间流露出真情实感，令观赏者为之心折。《陶生帖》在蔡襄的传世墨迹中名气颇大，一是此帖为蔡襄飞草书的典范，二是此帖使用了散卓笔，故而奠定了《陶生帖》的特殊地位。

蔡襄一生最大的成就莫过于书法，他几十年来坚持练习书法，笔不离手，帖不离案，取法于晋唐，精于楷、草、隶、篆各体。他的书法不同于苏东坡的任情恣性、黄庭坚的瘦劲奇崛、米芾的气韵颠放，"投笔处皆有神妙"，点画之间淳淡娴雅，别具书家的性情之美。

蔡襄的书法浑厚端庄，淳淡婉美，自成一体，时人评价褒贬不一。欧阳修说："自苏子美死后，遂觉笔法中绝。近年君谟独步当世，然谦让不肯主盟。"可黄庭坚认为蔡襄书法过于女气，在《题蔡君谟书》中评："君谟书如蔡琰《胡笳十八拍》，虽清壮顿挫，时有闺房态度。"

蔡襄与同为"宋四家"的苏轼、黄庭坚、米芾对比，恪守晋唐法度，没有鲜明的个人风格，也缺乏锐意创新的意识，但他在时代交换更替之时，用自己的力量继承前代书学思想，为"尚意"书风做了铺垫，对于中国书法的传承具有突出贡献。

七、何绍基

何绍基（1799年—1873年），字子贞，号东洲，晚年取号蝯叟，湖南道州（今道县）人，晚清著名书法家、画家、诗人。何绍基的书法融合碑帖两派，"篆分遗意"，楷草隶篆皆工，草书为一代之冠，被誉为"清代第一"。

何绍基一生仕途平坦，道光十六年（1836年）考中进士，先后任职翰林院编修、文渊阁校理、国史馆提调等职，主持几省乡试，直至调任四川学政。何绍基的官途可谓一路平步青云、顺通无碍，从他担任的官职中不难看出，何绍基是一个饱学的官吏，他的政治事业都与文化教育相关。

何绍基从小饱读诗书，能文善书，自言："余学书四十余年，溯源篆分。楷法则由北朝求篆分入真楷之绪。"他的书法起初取法于帖学，以颜真卿、欧阳询为师。中年主要在篆、隶方面用功,同时兼容北朝碑刻风格,最后一并融入行草书的用笔之中,自成一家,走出了一条碑帖兼容的书法创作之路,被誉为"有清二百年以来第一人"。何绍基的书法打破楷、隶、篆、行四种书体的限制,风范独造,曾国藩曾称赞其书"字则必传千古无疑矣"。

何绍基书法诸体皆善,尤以草书为最。何绍基书法以帖学入门,传统临帖方法讲究做到酷似之后才能换帖,而何绍基则认为,临帖要取前贤精髓,不拘泥于形似,抓住法帖的精髓即可更换,这是他在学书中突破传统的地方。

何绍基的草书写法,体态自然,结体正欹开合互用,笔画大多左右舒张,字体高古圆厚,带

何绍基

有浓厚的篆隶笔意。在何绍基之前,清代书法家金农、伊秉绶、邓石如等人,主要将碑派书法的用笔技巧融于篆隶之中,直到何绍基将碑派书法的笔法特点引入草书,才打破了草书笔法渐渐没落的现状,开拓了书法史的新局面。

何绍基是以碑派书法融入草书用笔的第一人,他用毕生的书写实践,将碑派书法的审美原则落实到诸多书体之

中，以碑派书法变革楷书、草书，对后来的书法家产生了深远影响。自他以后，赵之谦、康有为、沈曾植、齐白石等人皆取法于秦汉六朝碑版，引碑派笔法入笔意。

何绍基不仅是著名的书法家，也是一位具有探索创新精神的书法理论家。他在长期的书写实践中，参悟到一种独特的回腕执笔法，在《猿臂翁》一诗中写道："书律本与射理同，贵在悬臂能圆空。"周星莲在《临池管见》记载了这种执笔法："回腕法，掌心向内，五指俱平，腕竖锋正，笔画兜裹。"执笔时腕肘并用，手掌翻转，虎口向上，拇指与四指对撮握管，以捻管行笔，笔用中锋，呈现出绵里藏针、朴拙奇崛的美感，如同鹰隼飞翔俯瞰，意境高远。

何绍基在《跋魏张黑女墓志拓本》中写道："每一临写，必回腕高悬，通身力到，方能成字，约不及半，汗浃衣襦矣。"何绍基认为这种执笔法既保持了专注集中的书写状态，又保持了中锋入纸的态势，又略带战掣，使得笔下线条能够更好地表现出"金石味"。

从某种意义上来讲，清代是古代书法大坏的时期，诸多书体没有新发展，更没有出现"唐初四大书家""颜筋柳骨""颠张狂素"等繁荣的景象，而何绍基由颜行上溯篆隶，又由篆隶融汇行草，南北兼收，碑帖并重，开拓了清代书坛的新局面。

第六章

古代楷书名家

第六章 古代楷书名家

钟繇（151年—230年），字元常，豫州颍川郡长社县（今河南长葛）人，东汉末年的著名书法家。他擅长隶、楷、行等多种书体，在隶书向楷书演变的过程中起到了重要的推动作用。

钟繇自幼聪慧过人，他成年之后，被察举为孝廉，任尚书郎、阳陵县令，后来因病离职，又被三府征召，担任廷尉正、黄门侍郎。当时，汉献帝在西京长安，大将李傕、郭汜等专权，阻断了献帝和关东的联系。

195年，李傕胁迫汉献帝，钟繇与尚书郎韩斌共同谋划献帝出逃。同年，汉献帝逃出长安，钟繇因功封东武亭侯。之后，汉献帝迁都许昌，洛阳百姓减少，钟繇将关中民众迁徙过来，又招纳逃亡叛离的人口来充实。

213年，曹操被汉献帝封为魏公，钟繇任大理，后升为相国。曹丕为魏太子时，赏赐给钟繇"五熟釜"。220

年，曹丕代汉称帝，改元黄初，并定都洛阳，任钟繇为廷尉，进封崇高乡侯，后又任太尉，转封平阳乡侯。

魏明帝曹叡即位，钟繇被封为定陵侯，此时他有腿病，下拜起身不方便，所以上朝进见时皇帝特许他乘车坐轿，由卫士抬着上殿。230年，钟繇去世，享年八十岁，魏明帝身穿素服前往吊唁。

钟繇以曹喜、刘德升、蔡邕为师，从他们的书法作品中汲取营养，但他学古而不限于古，"虽习曹、蔡隶法，艺过于师，青出于蓝，独探神妙"，他在前人的基础上大胆创新，变隶法为楷书，开创了高古自然、笔法精简的楷书风貌。

从《贺捷表》《荐季直表》《宣示表》等作品中，能够清晰地感知钟繇书法风格的变化。《贺捷表》的隶书笔味十足，行书走笔风格明显，章法结字茂密幽深，笔墨起止随意外露，流露出活泼自然的气息。《荐季直表》是钟繇晚年的楷书作品，彼时钟繇已七十高龄。此表具有"八分楷体两分隶"的特征，笔法圆润肥厚，章法错落有致，虽是小楷，却有一种包罗万象的气魄。隔年，钟繇作《宣示表》。《宣示表》算是钟繇作品中最为成熟的一件，无论是笔法、结体，还是章法，都颇具韵味，清瘦如玉，多有雅趣。

从艺术层面来说，钟繇创造的楷书与后来标准规范、

第六章　古代楷书名家

风姿绰约的唐楷不同，特点有三：一是钟繇书法是由隶书演变而来的楷书，因此保留了浓重的隶味；二是此时的楷书刚刚定型，与唐楷相比，更显天然质朴；三是字形与章法错落有致，字体俊秀，章法茂密，古意淳厚，神态天真。

世人对钟繇书法推崇备至，评价极高。《书法正传》云："钟繇书法，高古纯朴，超妙入神。"张怀瓘在《书断》中将钟繇书法评为"神品"，大赞钟繇："真书绝世，刚柔备焉。点画之间，多有异趣，可谓幽深无际，古雅有余，秦汉以来，一人而已。"

钟繇之后，王羲之、怀素、颜真卿、黄庭坚等书法名家都曾潜心钻研钟繇书法。钟繇传世书作有"五表""六帖""三碑"，被许多书法家临摹学习。

如今书法界公认的中国书法五体，楷书是其中之一。虽说楷书并非由钟繇一人所创，但在汉字由隶书向楷书演变并接近完成的特殊时期，钟繇首定楷书。对于这种新书体的成熟、定型、完善以及推广起到了很大作用，因此"楷书始祖"这个称号，他当之无愧。

二、虞世南

虞世南（558年—638年），字伯施，越州余姚鸣鹤（今属浙江慈溪）人，初唐时期著名的文学家、书法家。他执着好学，善书法，与欧阳询、褚遂良、薛稷并称"唐初四大书家"。

虞世南出身官宦家庭，他的祖父曾任始兴王咨议，父亲曾任太子中庶子。虞世南少年时努力学习，精思不懈，有时十几天不洗脸不梳头。他曾拜"书圣"王羲之的七世孙和尚智永为师，深得王羲之书法真传。

陈朝皇帝听闻虞世南博学，征召他为建安王法曹参军。陈朝灭亡后，虞世南到隋都长安，晋王杨广与秦王杨俊听闻他的名声，同时征召他为自己的僚属。虞世南以母亲年老作为借口，坚决推辞。后来，虞世南被朝廷征召，被授为秘书郎、起居舍人。

第六章　古代楷书名家

隋朝灭亡后，虞世南为秦王李世民的参军。李世民被封为太子后，虞世南升任太子中舍人。李世民即位后，虞世南年已衰老，上表请求辞官，太宗下诏不允，升他为太子右庶子，虞世南坚决推辞不受，被授为秘书少监。

虞世南经常劝谏唐太宗。太上皇李渊驾崩，虞世南一再劝阻太宗筑陵墓厚葬，太宗有所收敛，他还劝阻太宗不要恣于游猎而疏于政事。638年，虞世南再次上表请辞，太宗准许。同年，虞世南在长安逝世，太宗闻讯后痛哭悲伤，下诏让虞世南陪葬昭陵，加赠礼部尚书。

虞世南

唐太宗曾称赞虞世南有五绝："一曰忠谠，二曰友悌，三曰博文，四曰词藻，五曰书翰。"但在历史长河中，虞世南的"五绝"只有书法永世流传，令人过目难忘。

楷书繁荣的唐代，出现了众多楷书名家，其中以虞世南的楷书最具魏晋风度。在智永和尚的教导下，虞世南的书法"深得山阴（代指王羲之）真传"，且在王羲之等人的基础上发扬自己的特色，圆融中带有一股遒劲之气，笔势外柔内刚，自成"虞体"。

《宣和书谱》记载："释智永善羲之书，而虞世南师之，颇得其体，太宗乃以书师世南。"唐太宗喜好翰墨，尤爱王羲之的书法，闲暇之余都会潜心琢磨他的书法作品。彼时，虞世南恰好在宫中任职，他的书法深得"二王"神韵，因而唐太宗经常与他讨论书法，命其甄别王羲之作品的真伪。

据传，唐太宗的书法以虞世南为师，但在临帖的过程中，对虞体中颇具特色的"戈钩"总是不得其法，难以揣摩到其中的神采。一日，唐太宗临帖写"戬"字时，只写了左半边，"戈"字的空缺则由虞世南代为补写。随后，唐太宗请魏徵评价，并询问他的意见，魏徵看后说："今窥圣作，惟戬字戈法逼真。"唐太宗赞叹魏徵眼光之毒辣，由此更加看重虞世南的书法。虞世南死后，唐太宗哀恸不已，感叹"虞世南死后，无人可与论书"。

虞世南平生精通楷书，一手超凡脱俗的小楷，遒丽劲健，别具风姿。《演连珠》是虞世南最美、最好的楷书作品，整体风格端庄工整，法度严谨，字画笔势尽显钟繇、卫夫人、"二王"、智永之风度，凸显出一股温润典雅的气息，令人见之难忘。

《孔子庙堂碑》也是虞世南楷书的代表作品，整体风格含蓄雅致,笔法秀润圆劲,结构稳健,法度平和中正,外柔内刚,给人一种朴素浑穆、沉静秀雅的美感,点画间萦绕着谦和温雅的书卷气,如同一位谦谦君子,俊朗端正,温润如玉。《孔子庙堂碑》被历代金石学家和书法家公认为虞书妙品,词文精妙,书法高绝,君子之风和儒者风范跃然于字里行间,堪称千秋典范。

虞世南的书风朴素淡雅,温润潇洒,洋溢着浓厚的书卷气息。唐代书论家张怀瓘赞曰:"君子藏器,以虞为优。"清代王澍十分欣赏虞世南的书法:"永兴之书,以无结构为结构,无所用力,而自得右军心法也。"

在楷书的演变过程中,虞世南书法上承魏晋风度,下开大唐楷法,起到了承上启下的重要作用。

三、褚遂良

褚遂良（596年—658年），字登善，杭州钱塘（今浙江杭州）人，唐代书法家。褚遂良工于书法，初学虞世南，后取法王羲之，传世作品有《孟法师碑》《雁塔圣教序》等。

褚遂良出身于名门贵族，他的父亲在隋朝官至散骑常侍。褚遂良曾在秦王李世民手下任铠曹参军，李世民对他颇有好感。李世民成立弘文馆，褚遂良被任命管理弘文馆的日常事务，人们称他为"馆主"。

李世民登基，是为唐太宗，他曾广泛收集王羲之的法帖，褚遂良能鉴别王羲之书法的真伪，使得没有大臣敢用赝品来邀功。641年，褚遂良迁谏议大夫，李世民每有大事，几乎都要向褚遂良咨询。后来，褚遂良以黄门侍郎之职参与朝政决策，并且被皇帝派往全国各地，巡察四方。648年，褚遂良被提升为中书令。649年，唐太宗在弥留

第六章 古代楷书名家

之际，召长孙无忌与褚遂良觐见，让他们尽心辅佐李治。

李治继皇帝位后，封褚遂良为河南县公，后拜吏部尚书，加光禄大夫，兼太子宾客。后来，又升为尚书右仆射，执掌朝政大权。655年，褚遂良与长孙无忌强烈反对立武昭仪为皇后。当年十月，武昭仪被册封为皇后，褚遂良被赶出朝廷，到潭州任都督，后来被调到离京师极远的桂州（治所在今广西桂林）去任都督，之后又被贬到更远的爱州（今越南清化）。658年，褚遂良在爱州带着遗憾离世。

褚遂良平生最擅长楷书，其书厚重大气，融会汉隶，点画灵活，笔法多变。清代刘熙载在《书概》中盛赞褚遂良为"广大教化主"，也就是说自褚遂良以后，习书法者无不受他影响，这五个字奠定了褚遂良在唐代书法的独特地位，可见其书法成就之高、影响之深远。

褚遂良作为书法界的后起之秀，能与虞世南、欧阳询等人相提并论，除了深厚的书法造诣以外，还得益于唐太宗李世民的影响。唐太宗钟爱王羲之的书法，并经常与虞世南、欧阳询等人切磋书艺。虞世南死后，唐太宗感慨"无人可与论书"，魏徵便向皇帝进言："遂良下笔遒劲，甚得王逸少体。"太宗大喜过望，即命为侍书，整理并鉴别内府收藏的"二王"法书。褚遂良借此良机，苦心钻研王羲之的书法，使自身的书法造诣有了长足的进步。

《伊阙佛龛碑》是褚遂良早期的楷书作品，用笔方正，结体宽结，多参隶法，气势开张，表现了雄壮俊逸之美。康有为在《广艺舟双楫》里说："龙门《佛龛碑》，则宽博俊伟。"

《雁塔圣教序》是褚遂良后期的楷书作品，线条力量十足，行书笔意入笔，字体清丽刚劲，外柔内刚，严肃端庄的楷书变得浪漫婉转。清代王澍认为："雁塔本笔力瘦劲，如百岁古藤，而空明飞动，渣滓尽而清虚来。想其格韵超绝，直欲离纸一寸，律以右军之法，虽不免稍过，要之晴云挂空，仙人啸树，故自飘然，不可攀仰矣。"《雁塔圣教序》的用笔更加从容，它也标志着褚遂良楷书新法的成熟。

褚遂良是一位"承上启下"的书法大家，上继魏晋风韵，深得王羲之书法的真传，下开盛唐雄劲书风，真正开启了唐代的书法门户，深刻影响到柳公权、徐浩、宋徽宗等后世的书法名家，功莫大焉，"广大教化主"的地位被越来越多的人肯定。

四、颜真卿

颜真卿(709年—784年),字清臣,别号应方,京兆万年(今陕西西安)人,唐代书法家。他擅长行、楷,行书气势遒劲,楷书端庄雄伟,创"颜体"楷书,与赵孟頫、柳公权、欧阳询并称"楷书四大家"。

颜真卿三岁时丧父,由母亲殷氏亲自教育。颜真卿长大后,学问渊博,擅长写文章。734年,颜真卿考中进士,后经吏部铨选,任校书郎。746年,颜真卿任长安县尉,颇受赞誉,经两次提升,任监察御史,并且平反了五原冤狱,受到百姓称赞。

752年,颜真卿任武部员外郎,因受杨国忠排挤,被调任平原太守。平原郡归安禄山管辖,当时安禄山已有谋反的迹象,颜真卿暗中加高城墙,招募壮丁。755年,安禄山起兵谋反,颜真卿立即派人到长安报告。颜真卿还火速招兵一万人，周边的饶阳、济南、清河、景城、邺郡等地的官员都领军来归附他。之后，又有多个郡来归附，他们推举颜真卿为盟主。颜真卿当时有二十万兵力，截断了燕赵的交通联络。

太子李亨在灵武登基，即唐肃宗，颜真卿多次派使者向李亨汇报军政事务。当时军费困难，颜真卿想尽办法保证军费供给。后来，颜真卿经与众人商议，放弃平原郡，渡过黄河，到凤翔拜见唐肃宗。唐肃宗任命他为宪部尚书，又调任御史大夫。颜真卿多次直言劝谏，遭人诬陷，被调任冯翊太守，后来降为饶州刺史。

762年，太子李豫即位，起用颜真卿为利州刺史，后改任吏部侍郎、荆南节度使、尚书右丞，主持尚书省事务，后来被大臣诬陷诽谤朝廷，被贬为峡州别驾，后改任吉州司马。后来，颜真卿获召入朝，担任刑部尚书，随后升任吏部尚书。颜真卿因刚正而得罪宰相杨炎，被改为太子少师，仍兼礼仪使。卢杞任宰相掌权后，厌恶颜真卿的刚正，改授他为太子太师。

782年，淮西节度使李希烈叛乱。783年，李希烈攻陷汝州，卢杞派颜真卿前往李希烈军中传达朝廷旨意。颜真卿到李希烈营中，被扣押下来。李希烈称帝时，派使者向颜真卿询问登帝位的仪式，被颜真卿严正拒绝。后来，

第六章　古代楷书名家

李希烈命人将颜真卿缢杀。

在中国书法史上，颜真卿是成就高、影响力巨大的书法家之一，在书法史上地位很高，一方面是他的书法成就令人难以望其项背，另一方面是颜真卿为人忠义，不媚权贵，义烈之名响彻天下，宁死不屈、以身殉国的忠烈人格受到历代书法家的敬慕。高尚的人品和卓越的书品完美结合，奠定了颜真卿在书法界千百年以来不朽的地位。

颜真卿的书法作品，峻劲纯朴，气概凛然，不带丝毫书生意气，不加任何刻意雕饰，自始至终保持着一股浩然正气。欧阳修赞其书："颜公书如忠臣烈士、道德君子，其端严尊重，人初见而畏之，然愈久而愈可爱也。其见宝于世者不必多，然虽多而不厌也。"

颜真卿一生都在求新求变。他的楷书书法演变可分为三个时期——五十岁以前、五十岁到六十岁、六十岁以后，不同时期的楷书呈现出不同的精神气质。他五十岁以前的代表作品《多宝塔碑》，继承了魏晋风度及初唐特色，结字以"外拓"笔法为主，笔画起收之处极具风姿，明代学者孙鑛（kuàng）在《书画跋跋》中评价此作："此是鲁公最匀稳书，亦尽秀媚多姿，正是近世椽史家鼻祖。"五十岁到六十岁是颜真卿书法成熟的时期，结体阔达，藏锋圆转，雍容大方。这一时期也是颜真卿创作的高峰期，作品留存较多，如《郭家庙碑》《乞御书题天下放生池碑额表》《鲜于氏离堆记》等。六十岁以后，颜真卿书法臻于绝妙之境，人书俱老，堪称神迹，以《颜勤礼碑》为代表作品，面目开张，雍容大度，具有强烈的颜体风格。

颜真卿是继"二王"以后成就最高、影响最大的书法家。他另辟蹊径，走出了一条属于自己的道路，他的颜体书法遒劲豪宕，气度雄浑，凛凛正色，成为后人取法的重要源流，唐代以后的许多名家都会在学习"二王"书法的基础上，再从颜真卿书法中汲取精华，从而形成自己的书法风格。

柳公权(778年—865年),字诚悬,京兆华原(今属陕西铜川)人,唐代书法家。他吸收唐代名家书法之长,自创"柳体",以骨力劲健见长,与颜真卿的书法合称为"颜筋柳骨"。

柳公权出生于官宦之家,自幼酷爱书法,小小年纪便写得一手好字,为此常常在几个小伙伴面前炫耀。

有一天,柳公权正在和小伙伴们举行"书会",一个卖豆腐的老头恰巧路过,看到他纸上所书"会写'飞凤家',敢在人前夸"这几个字,认为这个孩子实在是太自负,想煞煞他的威风,便对柳公权说:"你的字不怎么样,跟我的豆腐差不多,又软又塌,毫无筋骨,有什么值得在人前夸耀的呢?"柳公权心下不服气,硬要与老头比试一番,老头则笑着说:"我一个卖豆腐的写不好字,但有人用脚写字都比你好得多,不信的话你可以到城里去看看。"

隔天,柳公权起个大早独自去了城里,一进城门口便看到大树下围着一群人。他挤进人群,只见一个双臂缺失的老人正坐在地上,左脚压纸,右脚执笔写对联,笔下字迹如同万马奔腾,引得人群阵阵喝彩。柳公权惊呆了,心下既惭愧又钦佩,立刻跪下拜师,请求老人传授书法秘诀,老人提脚写道:"写尽八缸水,砚染涝池黑;博取百家长,始得龙凤飞。"柳公权恍然大悟,从此更加勤奋地练字,遍阅百家书法,并向当时的书法名家虚心求教,夜以继日地钻研琢磨,终成一代书法大家。

柳公权

柳公权的书法特点可以用"集古出新"四个字来概括,以六十岁为分界点,六十岁以前临摹前人作品,采众家所长,所以在他这一时期的楷书作品中,能够看到他取法诸家的痕迹,上至魏晋风度,下观唐代风华。

柳公权前期的楷书代表作有《金刚经刻碑》《大唐回元观钟楼铭》《冯宿碑》等。《金刚经刻碑》可见欧阳询、

第六章　古代楷书名家

褚遂良等人的影子,《广川书跋》云:"此经本出于西明寺。柳书谓有钟（繇）,王（羲之）,欧（阳询）,虞（世南）,褚（遂良）,陆（柬之）体。今考其书,诚为绝艺,尤可贵也。"《大唐回元观钟楼铭》中有钟繇、王羲之的体态,结体与褚遂良《孟法师碑》相似。《冯宿碑》结体不如《大唐回元观钟楼铭》瘦劲,笔法圆润之处与虞世南的颇为相像。

与六十岁以前的作品追求"字字有出处"相比,柳公权六十岁以后的字体风格大变。他作书法时点画方圆并用,行笔刚劲有力,提笔出锋,出钩劲利,遒劲动人,短横粗壮,按笔较重,整体风格既方峻劲利又不乏血肉,形成了自己独特的风貌。

柳公权后期的代表作有《玄秘塔碑》《神策军碑》等。在《玄秘塔碑》中,柳体已经发展较为成熟,基本泯去了戈戟森列的欧体之姿,除去了端劲绰约的褚体之势,也没有典雅谦和的虞体风貌,是完全不同于前人风格的一种新体态——骨力奇峭,瘦劲清俊,端庄俊丽。

在《神策军碑》中,柳体更加成熟,笔力老练,出锋极有力量,毫无拘谨犹豫之态,厚重中愈见劲利,平正中不失洒脱。

柳公权真正做到了阅百家书法,集众家之长,并逐渐形成了自身独特的书法风格。他的书法融汇了欧阳询的楷书结字体式和颜真卿字法的外拓之感,圆融有力,体势劲媚,在精微和广大两种维度中做到极致。

第六章 古代楷书名家

六、赵 佶

> 宋徽宗赵佶（1082年—1135年），号宣和主人，书画家。他是中国历史上书法造诣最高的皇帝，自创的"瘦金体"脱离血肉，独存筋骨，具有极高的艺术价值。

古往今来，要论中国历史上哪一位皇帝的书法造诣最为高深，当推宋徽宗赵佶。赵佶是一个矛盾重重的人物。他似乎是历史的幸运儿，本不是皇位第一继承人的他，阴差阳错地坐上了皇帝的宝座。然而，历史却没有给他任何优待，不务正业的赵佶无法挽救这个本就积弱积贫的朝廷，反而加剧了北宋覆亡的步伐，成为背负千古骂名的皇帝。

千百年来，人们对他毁誉参半，他虽不善治国，但在书法上具有极高造诣。作为皇帝，赵佶是不称职的，甚至是失败的，但从书法艺术的角度来说，他无疑是专业的、成功的。

赵佶书法取法于薛稷、薛曜、褚遂良，在学习前人的基础上，创造出独树一帜的"瘦金体"。"瘦金体"的"瘦"，指的是笔画线条上的"紧"和"窄"。赵佶书法从唐代薛稷而来，薛稷书体不仅"瘦"，还带有转折的刚硬，这一点与"瘦金体"关系密切；"金"指的是线条显露的锋芒，强调书法的锋芒毕露。

宋徽宗

"瘦金体"形容赵佶书法虽然纤细瘦挺，却有绚丽的锋芒以及华丽的贵气。

"瘦金体"的特点为结字至瘦而颇具筋力，行笔纤细而强劲，笔势迅猛无滞涩现象，起笔、收笔、转折、提顿处痕迹夸张，气韵天成，灵秀淡定，仿若婀娜之碧树，又似优雅之仙鹤，通过点画撇捺的组合变化，表现出挥洒自如、华丽流畅的风骨形态，达到了一种仙风道骨、衣袂飘飘的境界。

"瘦金体"瘦挺爽利，侧锋如兰竹，却难以被世俗认同。对比同一时期的"苏、黄、米、蔡"，"瘦金体"历来极少有人评价。之所以产生这样特殊的现象，与中国书法的传统审美标准关系较深。书法美学将人的品格、修养、学识等纳入其中，作为评价的重要标准。书法讲究"藏锋"，外柔内刚，兼收并蓄，赵佶将每一个字的锋芒全部外放，各种笔画皆光彩照人，触犯了书法美学的禁忌，违反了儒学的主流传统。

七、沈 度

沈度（1357年—1434年），字民则，号自乐，松江府华亭（今上海松江区）人，明代著名书法家。他精于篆书、隶书、楷书、行书，因其一手好字深受明成祖朱棣赏识。

朱元璋洪武年间，沈度因为才学出众被举荐做官，因为长辈的丧事，未能按期赴职，被罚戍守云南。岷王朱楩听说沈度有才能，便前去拜访，邀请沈度做自己的幕宾。岷王给予沈度优厚的待遇，却没有给他施展才能的机会。沈度多次向岷王进谏，都没有被采纳，于是他便告辞离去。

永乐皇帝朱棣登基后，在杨溥的推荐下，沈度被任命为翰林院典籍，参与撰修《太祖实录》。沈度的字婉丽端庄，皇帝十分喜欢，诏、诰、制、敕及御制诗文碑刻都要沈度书写。明仁宗皇帝即位后，沈度告假还乡。明宣宗即

第六章 古代楷书名家

位，沈度被升为翰林学士，加奉政大夫衔。宣德九年（1434年），沈度病逝。

从永乐年间开始，在皇帝的提倡下，天下士人竞相模仿沈度的字体。后来的仁宗、宣宗、孝宗几位皇帝都对沈度的书法赞不绝口，举子为求高中，无不苦练沈字，一时沈字遍天下。

明朝建立后，朝廷开科取士，大批隐居于山林之中，不肯献媚于元廷的汉族文人纷纷出山，参与朝廷重开的科举考试。明朝的科举考试强调书写格式，要求考生必须用工整方正的楷书答卷，于是方正、光洁、乌黑而大小齐平的"台阁体"逐渐兴起。

说到明代盛行的"台阁体"，必不能绕过此种书体的代表人物——沈度。

沈度极为擅长"台阁体"书法，他的"台阁体"，婉约遒丽，华贵雍容，风姿绰约而无丝毫造作之感。其传世作品有《敬斋箴》册、《谦益斋铭》等，代表了明代"台阁体"的最高水平。《敬斋箴》册结字端正严谨，笔力劲道稳健，体态珠圆玉润，书写一笔不苟，法度谨严，婉丽飘逸，雍容典雅，颇有不激不厉的儒者之风。《谦益斋铭》笔墨妍润，风姿俊雅，工致稳健，法度严谨。这两幅作品都是"台阁体"的经典之作，表现出沈度深厚的书法功底，但过于关注精巧与雅致，笔墨缺乏变化，少有意趣，这也是"台阁体"的通病。

"台阁体"注重实用性，是应科举制度而生的一种书体形式，从结体、笔法、墨法等角度来看，法度严谨，清秀耐观，满足笔试要求的规范、美观、整洁、大方，但过于理性的操作，忽视了书法艺术感性的表达。书法源于写字，但不能局限于写字，如果只着重叙事表意的实用性，不在乎内在情绪的感悟，书写艺术就难以达到更高的境界。

清代书家王文治在《论书绝句》中说："沈家兄弟直词垣，簪笔俱承不次恩。端雅正宜书制诰，至今馆阁有专门。"从永乐到弘治年间，沈度引领了一百多年的书法风潮，促进了楷书字体的统一，对于研究古今字书和校定古籍有重要的参考意义。另一方面，"台阁体"的盛行也导致了明清时期小楷书法水平的急剧下降，再不复晋唐时期的繁盛。

第六章 古代楷书名家

八、刘 墉

刘墉（1719年—1805年），字崇如，号石庵，山东诸城人，清朝著名的书法家。刘墉精通儒学，喜爱文学，擅长书法，其书法造诣深厚，与翁方纲、梁同书、王文治并称"清四家"。

刘墉出生于山东诸城的名门望族，其曾祖父刘必显官至户部广西司员外郎，祖父刘棨官至四川布政使，父亲刘统勋则是乾隆朝的宰相。刘墉自小受到良好的教育，成年后以恩荫举人身份参加会试和殿试，考中进士，被授予翰林院庶吉士，在散馆担任编修，不久升迁为侍讲。

1756年，刘墉被提拔为安徽学政，他在任期间针对当时贡生、监生管理混乱的状况，提出切实可行的补救办法，得到皇帝肯定。1759年，刘墉调任江苏学政，为政严肃认真，对考试把关严格。

1769年，刘墉被授予江宁知府。他在任期间为政公正清廉，声名远播，百姓将其比为包拯。1780年，刘墉升任湖南巡抚。当时湖南多处受灾，一些无灾州县盗贼横行，贪官污吏猖獗。刘墉到任后一面查明情由，据实弹劾贪官污吏；一面稽查库存，修筑城郭建仓储谷，赈济灾民。

1783年，刘墉升任直隶总督、协办大学士，兼理国子监事务。1794年，迁内阁学士，任吏部尚书。1799年，刘墉参与审理文华殿大学士和珅案，当年还上疏陈述漕政，对漕运中的漏洞体察至深。1805年，刘墉于北京家中逝世。

刘墉不仅是位高权重的清代名臣，也是一位著名的书法大家，他的书法集帖学之大成，被世人称为"浓墨宰相"。蔡美彪《中国通史》记载："刘墉处于帖学碑学交替之际，被称为融会历代诸家书法之集大成者，笔笔力厚骨劲，气苍韵遒，极为后代书论家推重。"

刘墉是帖学书法的集大成者，尤善小楷，书法初学董其昌、赵孟頫，后学颜真卿、苏轼诸家，晚年的书法造诣臻至炉火纯青之境，书法风格亦逐渐成熟。

刘墉是一位师古而不泥古的书法家，善于学习前辈精髓又不失书法创新能力，清代徐珂在《清稗类钞》中称刘墉书法历经三变："自入词馆以讫登台阁，体格屡变，神妙莫测。其少年时为赵体，珠圆玉润，如美女簪花。中年以后，笔力雄健，局势堂皇。追入台阁，则炫烂归于平淡，而臻炉火纯青之境矣。"

刘墉早年书法取法于赵孟頫、董其昌。康熙至乾隆年间，统治者推崇赵孟頫和董其昌的书法，要求科举考试的小楷以这两人的书法为标准。当时，刘墉的父亲刘统勋的书法也学自赵孟頫。刘墉受书法大环境以及家风影响，在父亲刘统勋的严格要求下，为应付科举考试而努力学习赵、董书法，所以刘墉早年书风也效仿他们两人，以秀媚妍润为主。

刘墉入仕以后，逐渐摆脱这种书风，注重培养自己的风格。五十岁以后，刘墉书法风格与早年间大不相同，取法钟繇、王羲之、颜真卿、苏轼等人，将各家所长融于一体，自成一家。他的小楷既有钟繇、王羲之的韵致，又有颜真卿、苏东坡的儒雅，显示出深厚的书法功底。

七十岁以后，刘墉形成了自己的书法风格。他的小楷圆润柔软、折峰取姿，看似平庸实则内里刚劲十足，呈现出风雪傲骨的气势，用笔活泼，使得作品不乏生动情趣，表现出超然的书法风格以及炉火纯青的书法造诣。

刘墉的小楷以《大学》和《小楷册》为代表作品，字里行间不难看出既有魏晋风度，又有唐人写经的味道，与馆阁体也有点相像，但其用笔、气韵等细节上又展露出自己的浓墨风采。

清朝徐珂称赞刘墉的书法："文清书法，论者譬之以黄钟大吕之音，清庙明堂之器，推为一代书家之冠。盖以其融会历代诸大家书法而自成一家。所谓金声玉振，集群圣之大成也。"在馆阁体书风的笼罩下，刘墉力求创新，以浓墨书写出貌腴骨劲的楷书新貌，形成了自己超然的书法风格，在千人一面中可谓独树一帜、独具个性，这是他的书法成功的地方。